" 역사란 '기록을 삭제'하고 싶어하는 사람들과 '기록을 보존'하고 싶어하는 사람들 간의 싸움인지도 모르겠다. 이 책을 집어든 당신은 분명 후자에 속하리라 나는 확신한다. "

왜
WHY?

한국 교회 미래를 위한 특별 보고서

왜
WHY?

옥성호

규보

차 례
contents

프롤로그 ▪ 6

1장 오정현 목사와의 만남들 ▪ 18
2장 결정의 과정 ▪ 50
3장 부임 그리고 특새 ▪ 70
4장 마지막 노력들 ▪ 108
5장 선택의 이유들 ▪ 174

에필로그 ▪ 198
부록 ▪ 202

프롤로그
Prologue

왜 옥한흠 목사는 오정현 목사를 선택했는가? 이러한 선택에서 우리가 얻을 수 있는 좀 더 나은 미래를 위한 교훈은 무엇인가?

알랭 드 보통(Alain de Botton)의 책, 『철학의 위안』은 여러 가지 면에서 흥미로운 책이다. 내용은 물론이고 책의 구성 자체가 주는 독특함은 가히 독보적이라고 해도 과언이 아니다. 그런데 그 책을 읽다가 깜짝 놀란 구절이 하나 있다. 철학자 쇼펜하우어의 일화에 나오는 다음의 구절이다.

1831년. 마흔세 살이 된 쇼펜하우어는 베를린에 살면서 결혼을 다시 한 번 생각한다. 그는 이제 막 열일곱 살이 된, 아름답고 생기발랄한 소녀 플로라 바이스에게 관심을 가진다. 어느 뱃놀이 파티 중에, 그는 그녀를 황홀하게 하려는 꿍꿍이속으로 웃음을 지으며 백포도 한 송이를 건넸다. 플로라는 그녀의 일기에 이렇게 털어놓는다. "나는 그 포도를 원하지 않았다. 늙은 쇼펜하우어가 건드렸기 때문에 나는 혐오감을 느꼈다. 그래서 그 포도를 슬그머니 내 옆의 물 속으로 빠뜨려버렸다." 쇼펜하우어는 서둘러 베를린을 떠난다. "인생 자체에는 고유의 가치가 전혀 없지만, 그래도 인생은 오직 욕망과 환상에 의해서 굴러가고 있다."[1]

나는 왜 놀랐는가? 쇼펜하우어가 거의 시른 살 가량 어린 여자에게 집적거려서가 아니다. 쇼펜하우어라는 남자가 살면서 이리저리 집적거린 여자가 어디 한둘이겠는가? 내가 정작 놀란 이유는 그 중 한 명에 불과한 플로라 바이스라는 생전 듣도 보도 못한 무명의 여인의 일기가, 그것도 거의 200년 전에 쓰여진 일기가 지금도 보존되고 있다는 사실 때문이었다. 물론 그녀는 쇼펜하우어의 유명세를 알고 특별히 그와 관련된 일기

---

[1] 알랭 드 보통, 정명진 역, 『철학의 위안』, 청미래(2012), 240-241쪽.

의 내용을 자손에게 전했을 가능성이 크다. 그럼에도 불구하고 나는 - 특히 유럽에서 흔히 발견할 수 있는 - 이 기록에 대한 열정에 순간순간 놀라고 경외감마저 느낀다.

　나의 아버지는 당신께서 젊은 시절, 또 사역 초기에 꾸준히 적어왔던 일기를 은퇴와 더불어 폐기하셨다고 한다. 게다가 미국에서 유학할 동안 거의 매일 어머니와 주고받았던 편지들마저 이사하면서 분실했다. 나 역시 아버지의 유학 시절, 경상남도 김해군 진영에서 사는 동안 하루도 거르지 않고 썼던 그 소중한 일기장을 이사하는 중에 잃어버렸다. 이게 딱 우리나라의 수준이다. 아무리 소중한 것들이라도 이사할 때면 짐이 많다고 버린다. 또는 대충 관리하다가 분실하고 만다. 얼마든지 다시 사면 되는 밥그릇, 젓가락, 숟가락은 꼬박꼬박 챙기면서 결코 다시 살 수 없는 책이며 노트, 편지 꾸러미는 버린다.

　이게 과거, 힘들었던 우리의 옛 모습이다. 그때만해도 우리는 가난했기 때문이다. 그러나 2, 300년 전 유럽도 과거 몇 십 년 전 우리만큼이나 가난하지 않았을까? 물론 그들도 가난했다. 그러나 그들은 기록을, 역사를 구체적으로 보존했다. 그런 하루하루가 모여 지금의 유럽이 되었고, 사소한 일상의 역사를 소홀히 한 우리의 하루하루가 모여 지금의 한국을 만들고 있다.

　이처럼 역사를, 기록을 소중히 하지 않는 우리나라는 그 대가를 오늘도 치르고 있다. 그 대가란 무엇인가? 오늘도 우리에게 같은 역사, 아니 같은 실수가 계속 반복되고 있다는 점이다. 왜냐하면 반면교사로 삼을 기록이 제대로 남아있지 않기 때문이다. 아니 어딘가는 기록이 숨겨져 있을 수도 있다. 그러나 많은 경우, 기록이 정직하게 유통되지 않는다. 유통된다 하더라도 왜곡되고 미화되기 일쑤다. 무엇보다도 기록에 관한 한 가장 엄정하고 객관적이어야 할 수준 있는 언론이 턱없이 부족한 현실이다. 이것이야말로 우리 모두의 비극이다.

나는 언론인도 아니고 역사학자도 아니고 사회학자도 아니다. 하지만 나는 누군가의 아들이라는 이 사실 때문에 기록에 대한 책임감을 갖고 있다. 곧 지금 한국 개신교 전체에 쓰나미처럼 불어 닥치고 있는 사랑의교회와 관련한 사태의 배경을 제대로 기록해야 한다는 책임감 말이다. 그러나 내겐 그걸 다 객관적으로 바라보고 판단할 자격도 능력도 없다.

단, 나는 내가 할 수 있는 것을 하려고 한다. 왜냐하면 그것은 나만이 할 수 있기 때문이다. 내가 사랑의교회를 시작한 목회자의 아들이고 그와 같은 피를 나눴기에, 어떤 면에서 그분의 내면을 가장 잘 볼 수 있기 때문이다. 그렇다고 이 글이 나 개인의 주관적이고 일방적 주장으로만 쓰여질 것이라고는 쉽게 단정짓지 않길 바란다. 나는 철저히 사실을 중심으로, 그것도 가능한 한 내가 직접 겪은 사실에 근거하여 글을 쓸 것이다.

다시 한 번 확인하자.

나는 왜 이 글을 쓰는가? 다시는 지금 사랑의교회에서 일어나고 있는 '비극'이 반복되지 않길 바라기 때문이다. 또한 그 비극 속에 분명히 숨어 있는 희망을 찾아내기 위해서다. 아무리 그렇다 하더라도 다른 사람이 아닌 하필 내가 이 글을 써야 했을까? 지금 일어나고 있는 비극의 근원적 시작이 나의 아버지로부터 시작되었기 때문이다. 그래서 아들인 난 이 글을 쓴다.

개인적인 얘기를 좀 하겠다.

내겐 벗어나고 싶은 두 가지가 있다. 물론 이 둘은 서로 연결된다. 하나는 누구의 아들이라는 것이고, 다른 하나는 기독교 시장이다.[2] 첫 번째는 내가 선택한 것이 아니기에 어쩔 수 없다. 누구의 아들로 태어났으니 그냥 그 운명을 받아들일 뿐이다. 그러나 두 번째는 좀 다르다. 내가 소위 말하는 기독교 시장에 들어온 것은 철저히 내 선택이었다. 2007년 『심리학에 물든 부족한 기독교』(부흥과개혁사, 2007)라는 책의 저자로 나는 이 기독교 시장에 첫 발을 내디뎠다. 그전까지만 해도 내게 내가 누구

---

[2] 달리 말하면 기독교와 관련하여 먹고 사는 것을 말한다. 목사, 교회 직원, 기독 출판사, CCM 가수 등등이 내겐 다 여기에 해당한다.

의 아들이라는 사실은 그렇게까지 중요한 사실은 아니었다. 나는 목사도 아니었고, 게다가 외국에서 살고 있는 그저 평범한 사람이었을 뿐이니까.

그러나 내가 책을 쓰고 그 책이 기독교 안에서 반향을 일으키자, 그 책의 저자가 누구라는 것보다 누구의 아들이 그 책을 썼다는 것이 더 큰 화제가 되었다. 나는 그렇게 내 애초의 의도와는 전혀 상관없이 기독교 시장에 경착륙하는 '우'를 범했다. 그러나 이와 비교할 수 없을 정도로 이 시장에 본격적으로 진입하게 된 계기는 2010년 9월 2일, 아버지의 소천이다.

아버지의 소천 이후, 오히려 내게는 선택권이 있었다. 다시 말해서 아버지의 소천을 기점으로 철저히 기독교 시장을 떠날 수 있었다. 그 순간 나는 고민했다. 왜냐하면 지금 떠나지 않는다면 아예 기독교 시장의 중심에 들어오리라는 것을 직감적으로 알았기 때문이다. 결과적으로 나는 떠나지 않았고 후회할 그곳으로 들어왔다. 그리고 지금……당연히……그 선택을 후회한다.

그러나 인생 안에는 후회할 것을 뻔히 알면서도 선택하고 그 길을 가야만 하는 순간들이 있다. 그때가 내게는 그런 순간이었다. 눈에 뻔히 보이는 그 후회스러운 선택을 하는 데 있어서 가장 큰 역할을 한 것은, 다시 말하지만 아버지가 돌아가시

기 전 약 한 달 남짓한 중환자실에서의 시간과 그 후 5일간 치러진 장례 기간이었다.[3]

아무튼, 나는 지금도 여전히 이 두 가지에서 벗어나고 싶다. 누구의 아들이라는 것에서 벗어나고 싶고, 그보다 더 절실히 기독교 시장에서 벗어나고 싶다. 나는 글 쓰는 것을 좋아한다. 그래서 하루라도 빨리 이 두 가지를 벗어난 글을 쓰고 싶다. 신에 대한 글보다 사람에 대한 글을 쓰고 싶다. 영생에 대한 글보다 내가 사는 이 현재에 대한 글을 쓰고 싶다. 현실을 비판하는 내용보다 현실이 아름다운 이유에 대해 쓰고 싶다. 내가 너무도 존경하는 고 장영희 교수와 같은 그런 글을 언젠가는 쓰고 싶다. 또한 소설도 쓰고 싶고, 내 인생에 기쁨과 절망을 동시에 가져다주는 노터데임 대학(University of Notre Dame) 풋볼에 대한 책도 쓰고 싶다.

그러나 어느 인생이 자기가 원하는 대로 다 하며 살 수 있겠는가?

한편으로 생각하면 내가 몰라서 그렇지 이미 난 내가 원하는 글을 쓰고 있는지 모른다. 지금 쓰려고 하는 이 글이 바로

---

[3] 이 부분은 이 책의 주제와 직접적인 관련이 없다. 따라서 자세한 이유에 대해서는 이 책에서 다루지 않는다.

그런 글일지도 모르니까.

2011년 초, 나는 『아버지, 옥한흠』(국제제자훈련원, 2011)을 쓰면서도 스스로 당황했다. 내가 과연 아버지에 대해 글을 쓸 만큼 내 아버지를 아는가 하는 의구심 때문이었다. 그러나 그 당시는 정말 때늦은 '효심' 하나로 그 글을 썼다. 그냥 사람들에게 우리 아버지가 잊혀지지 않았으면 하는 마음 하나로 길지 않은 글로 책의 지면을 채워 나갔다.

지금 나는 아버지에 대한 또 하나의 글을 쓰려고 한다. 이 글은 『아버지, 옥한흠』보다 훨씬 더 주관적이고 냉철할 것이다. 무엇보다 나는 이 글을 효심 때문이 아닌 책임감 때문에 쓴다. 그리고 이 순간 나는 『아버지, 옥한흠』을 쓸 때와는 전혀 다른 차원의 곤혹함을 느낀다. 여진히 나는 스스로에게 물을 수밖에 없기 때문이다.

"내가 아버지에 대해서 뭘 알지?"

소위 말하는 '교회 바닥'에 들어온 지 어느덧 2년 반이 지났다. 그동안 수많은 일들을 겪었고 또 많은 사람들을 만났다. 아버지에 대해서, 아니 무엇보다 목사라는 존재, 그것도 한국 교회 내에서 목사라는 위치에 대해 남들과는 다른 차원에서 많은 사실들을 보고 들었다. 그것은 나로 하여금 아버지를 아버지가 아닌 한 사람의 목사로 좀 더 잘 보게 하였다. 물론 평생 내게 비친 아버지는 자상한 아버지라기보다 훌륭한 목사였다.

그러나 나는 지난 2년 반 동안 내가 그동안 가정 안에서만 느꼈던 목사 아버지가 아닌 교회적 차원에서의 목사 아버지를 보게 되었다. 이 책의 제목은 물론 표지에 있는『왜 WHY?』이다. 하지만 굳이 이 책의 별명을 붙이자면 이렇게 하고 싶다. '목사, 옥한흠' 하지만 오해하지 말라. 나는 목사 옥한흠에 대해서 전반적으로 다루지 않았고 그럴 능력도 없다. 그것은 조만간 나올『옥한흠 평전』의 몫이다.

다만 나는 이 책을 통해 오정현 목사가 사랑의교회로 오기까지의 과정과 그 이후를 중심으로 목사 옥한흠에 대해, 그것도 아들이 보는 아버지에 대해 말할 뿐이다. 아울러 이 글을 쓰는 지금 이 순간을 기점으로, 이제는 내가 너무도 깊숙하게 들어온 이 기독교 바닥 안에서 후회하지 않는 하루하루를 살기로 다짐해 본다. 기왕이면 후회보다는 보람을 느끼며 살 수 있길 바라면서 말이다.

한 가지 첨부할 말이 있다. 이 책은 총 5장으로 구성되어 있다. 그 중 1장에서 4장까지는 마치 내가 타임머신을 타고 과거로 돌아가 있는 듯한 마음으로 쓸 것이다. 2011년 1월, 나는 국제제자훈련원 출판부에 와서 일을 시작했다. 이후 아무리 교회를 수십 년 다니는 사람이라도 결코 알 수 없는 교회 내부의 은밀한 일들을 수없이 봐왔다. 특히 사랑의교회 안에 들어와서 내가 보고 들은 얘기들을 쓰려면 이 책의 두 배나 되는 또 다른 책을 만들 수도 있을 것이다.

하지만 무엇보다도 내가 타임머신을 타고 과거로 돌아가 그때 느꼈던 감정들을 살려 글을 쓸 때, 이 책의 애초 목적에 보다 충실할 수 있다고 생각한다. 따라서 이 책에는 지금 사랑의교회 안에서 일어나는 일들에 대한 언급이 거의 없다. 하지만 지금 현재 진행형으로 발생하는 사건들에 대한 기록과 평가 역시 언젠가 누군가에 의해 보다 객관적으로 이뤄질 수 있길 바란다. 다시 말하지만 우리에게는 좀 더 나은 미래를 위해 현재를 충실하게 기억할 수 있는 기록이 필요하다. 그런 면에서 어쩌면 역사란 '기록을 삭제'하고 싶어하는 사람들과 '기록을 보존'하고 싶어하는 사람들 간의 싸움인지도 모르겠다.

나는 이 글을 어떤 특정 개인을 겨냥해서 쓰지 않았다. 다만 왜 아버지가 오정현 목사를 사랑의교회에 데려왔는지에 대한 나의 분석과 더불어 오늘의 어려움 속에 분명 숨어있을 내일의 희망을 발견하고자 이 글을 쓴다. 이 책을 읽는 독자들도 부디 이 점을 염두에 두길 바란다.

마지막으로, 이 글을 시작한 나의 작은 노력이 한국 교회와 목사 옥한흠을 기억하고 사랑하는 많은 성도들에게 쇼펜하우어가 건네준 포도를 버린 플로라 바이스의 일기보다 더 가치 있는 기록이 되길 바랄 뿐이다.

WHY?

그는 다이내믹했다. 설교가 본격적으로 시작기 전인 찬양 시간부터 학생들을 완전히 사로잡았다. 대학부에 2년 가까이 있던 나로서도 이렇게 열정적으로 찬양한 적은 그때가 처음이었다. 다들 일어나서는, 보통 수련회 마지막 날 밤에나 할 분량의 곱빼기나 되는 찬양을 첫날부터 불러 젖혔다. 그리고 마침내 하나님의 나라에 대한 그의 설교가 시작되었다.

01

오정현 목사와의 만남들

WHY?

1978년 여름

아버지는 미국 유학을 마친 후 꽤나 무더웠던 1978년 여름, 서울에서 교회를 개척했다. 그리고 우리 가족은 70년대부터 개발되기 시작한 강남의 도곡동으로 이사했다. 그 더운 여름날, 비록 이삿짐이 많진 않았지만 땀을 흘리며 이사를 도와준 과거 성도교회 대학부 지체들에게 나는 지금도 감사하다.

우리 가족이 살게 된 집은 아주 멋진 양옥집에 조그맣게 올려진 그리 멋지지 않은 2층 셋집이었다. 기억하건대 그 집에 온 손님들은 손에 꼽을 정도로 적었다. 그 가운데 시골에서 올라온 친척들을 제외하고 내 기억에 남는 한 손님이 있다. 유독 그 손님이 기억에 남는 이유는 그가 미국인이었기 때문이다. 그 미국인은 아버지와 약속이 안 맞았는지 나와 어머니만 덩그러니 있는 그 2층 셋집을 향해 양옥집 뒷계단을 터벅터벅 올라왔다.

그때 그를 보며 느낀 나의 당혹감이란……. 아마 어머니는 더 많이 당황하지 않으셨을까 싶다. 그 미국인이 고작 한 시간 정도를 머물렀을까? 어머니는 과일과 영어 사전을 탁자 위에 놓고, 그 미국인과 주로 '표정'에 의존한 대화를 이어갔다. 당시 삐삐(무선 호출기)는 물론이고, 우리 집에는 전화도 없었다. 따라서 나나 어머니가 집 밖에 있는 아버지에게 미국인 손님이 왔다고 연락할 길이 없었다. 나는 사전에 의존해 미국인과 얘기를 이어가는 어머니의 모습을 경이롭게 지켜볼 뿐이었다.

한편으로는 분명 미국인과 유창하게 영어로 말할 게 틀림없는 아버지의 모습을 상상했다. 그때까지 나는 단 한 번도 아버지가 영어를 하는 모습을 본 적이 없다. 하지만 아버지가 영어에 유창할 것은 너무도 뻔했다. 아버지는 대학교에서 영문과를 수석으로 입학했고, 게다가 학교로부터 전액 장학금을 받고 미국에 유학까지 다녀온 분이 아닌가 말이다.

아쉽게도 그 어느 여름날, 나는 아버지의 영어를 목격할 기회를 잡지 못했다. 내 기억에 어머니와 아주 오랜 대화를 끝낸 그 미국인은 아버지가 집에 오시기 전 떠났기 때문이다. 글쎄,

지금 생각하면 그 사람은 아버지를 찾아온 손님이 아닐지도 모른다. 어쩌면 집집마다 찾아다니며 자신들의 교리를 전하는 몰몬교 선교사일지도 모른다.

그 후 오랜 시간이 흘러 내가 미국으로 유학 가 있던 1998년 가을, 아버지는 미국 칼빈 신학교(Calvin Theological Seminary)에서 예정된 세미나 참석 길에 잠시 우리 집에 들르셨다. 그날 아버지와 근처 웬디스(Wendy's)라는 햄버거 집으로 외식하러 나갔다가, 나는 난생처음으로 아버지가 말하는 영어를 듣게 되었다. 나는 그때 문득 아주 오래 전 우리 집을 찾았던 한 외국인과 또 그를 상대로 손에 사전을 들고 얘기하던 어머니가 생각났다.

그런데 내가 모르는 사이 그 이층집에는 훗날 아주 유명하게 될 한 젊은 남녀가 방문하게 된다. 나는 그 사실을 아주 최근에서야 어머니를 통해 듣게 되었다.

"오 목사가 그때 대학생이었나? 잘 기억은 안 나는데, 지금 윤난영 사모와 함께 도곡동 집에 찾아왔었어. 그날 점심으로 내가 카레라이스를 해줬는데 오 목사는 밥알 하나 남기지 않고 싹싹 맛있게 먹더라고. 그런데 사모는 밥을 좀 남겼었어."

그때 사진이라도 한 장 남겨 놓았다면 나름 좋은 추억이 되지 않았을까 생각한다. 오 목사는 위의 일화가 말해주듯 아버지와 거의 30년의 시간을 두고 관계를 이어간 분이다. 그런데 이제는 그 아버지를 지나 그의 아들인 나와도 지금부터 최소한 30년 이상은 더 관계를 이어가지 않을까 싶다. 사실 개인적으로 오 목사를 안 것은 한참 전이니까, 나와 오 목사는 어쩌면 오 목사와 아버지보다 훨씬 더 길게 관계를 이어갈지 모르겠다.

1987년 여름, 대학부 수련회

대학교 2학년이던 내가 여름 수련회를 앞두고 얼핏 들은 이야기는 이것이다.

미국에서 공부하는 한 유망한 목사가 사랑의교회에 6개월 예정의 인턴 목사로 부임을 했다. 그런데 그는 미국 개척의 꿈을 품고 개척 계획서(일반 회사로 치면 투자 계획서 또는 사업 계획서 정도가 될 것이다)를 사랑의교회 당회에 제출했고, 그 서류가 채택되어 사랑의교회는 미국 남가주에서의 교회 개척을 돕기로 했다. 그 사람이 바로 오정현 목사다. 이미 알려진 대로 그는 1978년 여름, 내수동교회 송추 수련회를 기점으로 아버지와 본격적인 사제관계를 맺기 시작했다. 물론 그 전부터 오 목사는 이미 아버지와 만났을 수도 있다. 내가 알기로 그는 아버지가 미국에서 유학하던 시절, 이미 아버지와 여러 차례 편지를 교환했다고 한다. 그는 1978년 다른 내수동교회 대학생들과 함께 와 축가를 불렀다.

위의 얘기는 내가 겪은 얘기가 아니라 '들은 얘기'다. 하지만 나는 1987년 대학부 여름 수련회에서 오정현 목사를 '제대로' 겪었고, 지금부터 그 얘기를 하려고 한다.

나는 대학부 시절 세 번의 여름 수련회를 경험했다. 그 기간은 1986년부터 1988년으로 거슬러 올라간다. 1986년 여름 수련회 강사는 당시 대학부를 담당하던 오정호 전도사(지금 대전 새로남교회의 담임인 오정호 목사. 오정현 목사의 둘째 동생)였고, 1987년 여름 수련회 강사는 당시 사랑의교회에서 인턴으로 있던 오정현 목사였다. 그리고 1988년 여름 수련회 강사는 소망교회 곽선희 목사였다. (참고로 1980년 후반, 당시 아버지는 곽선희 목사와 상당히 친하게 지내셨다. 내가 알기로 곽선희 목사는 제자훈련에 매우 비판적인 시각을 갖고 계셨다. 그래서 아버지 주변에서도 왜 곽선희 목사와 굳이 관계를 갖느냐고 불만어린 목소리들이 있었다고 한다. 이에 대해 아버지는, "나와 견해가 다른 사람의 얘기도 들어야 내가 틀린 점이 무엇인지 알게 되고 그래야 고치고 균형을 잡지 않겠는가?"라고 대답하셨다고 한다.)

그 바쁜 소망교회 담임목사님이 대학부 여름 수련회에 온 이유는, 그 해 여름 수련회가 사랑의교회와 소망교회 대학부 연합 수련회로 두 차례에 걸쳐 진행되었는데 그 중 1차 연합 수련회가 여름에 열렸기 때문이었다. 그리고 2차 연합 수련회였던 1988년 겨울 수련회는 아버지가 강사로 오셨고, 그 수련회의 주제는 '로마서 강해'였다.

얘기가 나온 김에 그 당시 1980년대 중반의 사랑의교회 대학부 분위기를 잠시 짚고 넘어가자. 한마디로 말해 사랑의교회 대학부는 대단히 학구적이었다. 방학이면 학교별로 성경통독반이 운영되었고, 매 주일 집회 후에는 항상 신간 신앙서적 소개 순서가 이어졌다. 그렇다 보니 대학부에서 한소리라도 하려면 패커, 쉐퍼, 스토트 등등의 책 정도는 읽고 머리에 꿰고 있어야, 좀 과장된 표현으로 '사람 취급'을 받을 수 있었다. 큐티는 말할 것도 없고 매달 한 번 있는 철야 기도회에도 상당수의 학생들이 참석했다. 또 이곳저곳에서 일대일 양육도 자연 발생적으로 이어졌으며, 그 양육은 자연 발생적 연애로 이어지기도 했다. 뭐 그건 당연한 거다.

한편 그 시절에는 어느 누구도 정치와 별개로 생각할 수 없었다. 그 시절이 어떤 시대인가? 전두환의 철권통치가 극에 달하고 박종철, 이한열로 이어지는 민주항쟁이 학교를 넘어 사회 전반으로 퍼져가던 시대였다. 하지만 사랑의교회는 겉으로 보기에 철저하게 세상의 현실에서 한 발 떨어져 '영혼 구원의 복음'을 전파하는 교회였다. 나는 당시 아버지가 이런 정치 현실에 대해 설교 중에 좀 '바른 소리'를 안 해 주실까 하는 생각을 종종 했던 것 같다.

한번은 아버지가 주일 설교를 하시면서 학생들의 폭력 시위에 대해 비판한 적이 있었다. 아무리 옳은 일이라 하더라도 왜 폭력을 사용하는가에 대한 비판이었다. 내가 그날의 설교를 기억하는 이유는, 당시 나와 절친했던 대학부 선배가 예배 후 아버지를 찾아가 이에 대해 항의했기 때문이다. 물론 대학부의 규모가 크다 보니 그 안에 여러 스펙트럼이 존재했다. 대다수는 조용히 기도하자는 입장인 반면, 소수의 사람들은 적극적으로 사회참여를 해야 한다는 입장이었다. 그때로부터 30년이 넘는 지금의 수준도 크게 다를 바 없지만, 그때 대학부 분위기도 그리스도인은 로마서 말씀대로 하나님이 '허락하신' 권력에 순종하고 정직하게 사는 것이 중요하다는 기류가 지배적이었다.

이런 수준을 보여주는 한 일화가 있다.

내가 대학교 1학년이었을 때, 당시 대학부에서 가장 존경받는 '멘토' 형이 있었다. 사실상 학생들은 대학부 담당 전도사보다 그 형을 더 존경하고 따른다고 해도 과언이 아닐 만큼 카리스마가 있었다. 당시 1986년 여름 수련회 주제가 '갈라디아서 강해'였는데, 주강사였던 오정호 전도사의 첫날 저녁 집회 설교가 부족하다며 그날 밤 오 전도사를 찾아가 쓴소리한 것도 그 형이었다. 그러니 대학부 내에서 그 형의 위치가 어느 정도인지는 쉽게 가늠할 수 있을 것이다.

그래서 다른 사람도 아닌 그 형에게 나는 대학교 1학년만이 할 수 있는 질문을 던졌다.

"형, 데모를 해야 해요, 안 해야 해요?"

당시 내가 다니던 외대 역시 하루가 멀다고 데모에 휩싸여 있었다.

그 형의 대답은 이러했다.

"데모를 하냐 안 하냐가 문제가 아니지. 난 데모하는 애들이 이해가 안 돼. 자기가 당당하면 전경들이 잡으러 와도 잡혀갈 것이지 왜 도망을 가? 도망은 잘못한 사람들이 가는 건데 왜 도망가느냐 말이지. 도망 안 가고 당당하게 잡혀갈 각오가 있으면 데모해도 되고."

나는 그 대답을 들으면서 느꼈던 '아리송함'을 지금도 기억한다.

'이게 무슨 소리지??'

당시 거의 모든 교회들, 특히 강남의 큰 교회들이 그렇듯이 대학부는 사회의 흐름에서 한 발 물러서 있었다. 그리고 그것이 바른 길이라고들 나름 합리화시켰다. 하지만 마음 속 불편함을 다 떨칠 수는 없었다. 밖에 나가 돌과 화염병을 던지는, 또 그로 인해 체포되고 고문받는 우리와 똑같은 학생들을 보면서 느낄 수밖에 없는, 인간이라면 느낄 수밖에 없는 가책이 있었다. 아무리 손을 들고 눈물을 흘리며 매주 주님을 찬양해도, 배부르게 김밥 먹으면서 노래하는 우리와 밖에서 싸우는 그들은 결코 사회를 위해 같은 값을 치르는 사람들은 아니었으니까.

바로 그때, 그러니까 1986년과 1987년을 중심으로 사랑의교회 대학부를 사로잡은 중요한 주제가 하나 있었다.

다름 아닌 '하나님의 나라'라는 화두였다.

그리고 몇 가지 질문이 꿈틀거렸다. 우리가 사는 이 땅에서 도대체 어떻게 하나님의 나라를 이뤄가야 하는가? 아니 이뤄내야 하는가? 도대체 하나님의 나라란 무슨 의미인가? 더 중요한 것은(물론 이건 나의 생각이지만), '하나님의 나라'라는 이 화두야말로 마음 한 켠에 느끼고 있는 신앙과 삶의 불일치, 또는 현실 참여 부족에서 오는 신앙인으로서의 열등감 같은 문제를 해결해 줄 수 있지 않을까? 대한민국이라는 이 나라, 그것도 독재에 시달리는 이 나라 속에서 하나님의 나라라는 이 주제는 분명 나에게 신앙인으로 무얼 해야 하는지 그 길을 제시해주지 않을까? 그래서 나는 하나님 나라의 주제와 관련하여 이런저런 책들을 훑어보고 있었다.

그러던 중 1987년 여름 수련회가 다가왔다. 주강사는 미국에 살다가 잠시 한국에 인턴 목사로 온, 대학부 담당 전도사의 형 오정현 목사라고 했다. 그러나 정작 내 시선을 사로잡은 것은 강사가 아니었다. 바로 그 강사가 선포한 여름 수련회의 주제였다.

'하나님의 나라'

나는 전율했고 이것은 하나님이 내게 주신 기도의 응답이라고 확신했디.

그는 다이내믹했다. 설교가 본격적으로 시작되기 전인 찬양 시간부터 학생들을 완전히 사로잡았다. 대학부에 2년 가까이 있던 나로서도 이렇게 열정적으로 찬양한 적은 그때가 처음이었다. 다들 일어나서는, 보통 수련회 마지막 날 밤에나 할 분량의 곱빼기나 되는 찬양을 첫날부터 불러 젖혔다. 그리고 마침내 하나님의 나라에 대한 그의 설교가 시작되었다.

내용은 전혀 기억이 안 난다.

너무 집회 초반에 힘을 많이 빼서, 그것도 더운 여름이었던 터라 상당수의 학생들은 졸았다. 하지만 설교가 끝난 후 우리는 다시 일어나서 또 불렀다. 부르고 또 불렀다.

첫날 집회가 끝난 후 조별 모임에서 하루를 평가했다. 다들 너무 은혜를 많이 받았다고 기뻐했다. 하나님의 은혜를 이렇게 온 몸으로 느낀 적이 없었다는 얘기들이 대부분이었다. 우리 조의 한 누나는, 평소 큐티를 매일 한 시간씩 한다고 소문난 누나였는데, 이제야 하나님의 나라에 대한 모든 의문이 풀렸다고까지 말했다. 나는 꼭 시간을 내어 그 누나에게 자세히 물어보기로 마음먹었다. 그러나 다음 날 내 질문에 대한 그 누나의 횡설수설에 가까운 장황한 대답에 근거해 볼 때, 그 누나도 자신이 무슨 소리를 하는지 모르는 게 분명했다. 같은 한국말이라고 해도 듣는 사람이 무슨 말인지 모르면, 그건 말하는 사람이 무슨 말인지 모르고 하기 때문이다. 듣는 사람이 최소한의 지능지수(IQ)를 가진 사람이라고 할 때는 더욱 그렇다.

이틀째 집회를 마친 후, 나는 오정호 전도사에게 말했다.

"전도사님, 저 목사님 정말 대단하시네요."

나의 이 말에는 여러 가지 의미가 담겨 있었다. 그러나 오 전도사는 좋게 해석하였는지 만면에 자랑스런 미소를 띠우면서 대답했다.

"저 사람, 아무도 못 말려!"

나는 전도사님에게라도 하나님의 나라에 대해 묻고 싶었지만, 그의 대답에 실망할까 두려워 입을 다물었다.
하나님의 나라에 대한 설교는 수양회 마지막 날까지 이어졌지만, 결국 그 실체는 내 속에 들어오지 않았다. 뭐랄까? 하나님의 나라는……찬양을 많이 불렀고 많이 졸렸다고 할까?
하지만 그때만 해도 나는 오정현 목사의 설교에 대해 판단하지 않았다. 왜냐하면 내가 제대로 듣지 않고 졸았기 때문이다. 다행히 한 번의 기회가 더 주어졌다. 수련회가 끝닌 바로 그 주일 대예배 설교자가 오정현 목사라는 것이다. 설교 제목은 수련회 마지막 날 밤 설교했던, 바로 그 제목이었다. 나는 주일 예배에 졸지 않을 자신이 있었다. 그리고 처음으로 그의 설교를 집중해서 끝까지 들었다.
내가 지금 할 말은 이것뿐이다.
도대체 그분이 무슨 소리를 하는지 도통 알 수가 없었다. 아니 정작 그분은 자신이 하는 말이 무슨 소리인지 알고나 말하는 건지 의구심이 들었다.

하나님의 나라를 주제로 한 1987년 여름 수련회, 이것이 내가 오정현 목사를 직접 경험한 첫 만남이었다. 하지만 1987년 사랑의교회 대학부 여름 수련회는 대단히 중요한 한 가지 사실을 보여주고 있다. 그 수련회가 바로 오정현 목사가 사랑의교회 2대 목사로 부임하자마자 시작한 '특별새벽기도회'의 전조가 되었다는 사실이다.

생각해보라. 사랑의교회 대학부야말로 책을 많이 읽고 기도도 열심히 하며, 무엇보다 성경 말씀에 집중하고 제자훈련에 치중하던 단체였다. 그랬던 그들이 말씀이 '실종'되고 찬양으로 인한 흥분만이 '충만'했던 그 수련회를 어떻게 기억하고 있는지를. 그들은 감동했으며 대다수가 은혜 받은 잊지 못할 수련회라고 말했다. 아무리 제자훈련을 한다고 붙잡아놓고 가르쳐도, 그들은 한순간의 감정적 흥분에 대학생이면 가졌어야 할 최소한의 냉철함도 발휘하지 못했다. 왜 이런 일이 일어났을까?

오정현 목사의 스타일이 새로웠기 때문이다. 이 비극은 그로부터 16년이 흐른 2003년, 대학부가 아닌 사랑의교회 현장을 통해 재현된다. 사랑의교회가 어떤 교회인가? 철저한 제자훈련을 바탕으로 말씀 중심의 냉철함과 기도의 뜨거움이 균형을 이루는, 그리고 체계적인 양육을 통해 삶 속에서의 신앙 실천이 있는 교회가 아닌가? 그러나 10년 전 오정현 목사가 처음 부임한 후 시작한 40일간의 '특새'('특별새벽기도회'의 줄임말)를 기억해보라.

당시 나는 미국에서 하루도 빠짐없이 생방송으로 그 특새를 보았다. 그리고 1987년 여름 수련회를 생각했다. 문득, 노래를 부르다가 졸다가 또 일어나 노래 부른 후 은혜 받았다고 환하게 웃던 대학부 친구와 선배들이 생각났다. 사랑의교회에서 20년 넘게 신앙생활을 하고 말씀을 배웠다는, 개인적으로도 내가 아는 그 많은 신앙의 선배들은 1987년 대학부와 전혀 달라 보이지 않았기 때문이다. 도대체 왜 그랬을까? 어떻게 이것이 가능했을까?

오정현 목사의 스타일이 새로웠기 때문이다. 그에겐 시대를 읽는 감각이 있었다. 이건 배워서 되는 것이 아니고 그냥 타고난 것이라고 생각된다. 그가 1987년 수련회 주제를 '하나님의 나라'로 잡은 것 역시 그의 뛰어난 감각의 결과였다. 그는 당시 대학생들이 무엇을 고민하는지 알았고, 무엇이 그들의 호기심을 자극할지 알았다. 그러나 안타깝게도 그 주제를 풀어낼 콘텐츠는 갖고 있지 않았다.

다만 '하나님의 나라를 열망합니다'라는 마음으로 한 시간 가량 노래 부르며 스스로 감동하여 울게만 해주면, 그들에게 하나님의 나라라는 문제는 다 풀린다는 사실을 알고 있었다. 물론 하나님의 나라를 머리로 풀어내고 입으로 설명하는 것도 중요하다. 하지만 하나님의 나라라는 주제로 계속 노래를 부르면 자기도 모르게 하나님의 나라가 이뤄진 거 같고, 세상이 아름다워질 거 같고, 내가 하나님의 나라를 위해 앞으로 뭔가 할 거 같고(물론 그게 뭔지는 전혀 알 수 없지만)……바로 이런 느낌을 충만하게 채워주는 것으로 사람은 충분하다는 것을 오정현 목사는 잘 알고 있었다.

그리고 그의 생각은 2003년에도 틀리지 않았다. 한 언론 보도에 따르면 특새 기간 본당에 들어가기 위해 자정부터 와서 줄을 섰다고도 한다. 이런 말도 안 되는 시간부터 줄을 설 정도로 집회를 '사모하는' 마음을 갖게 한 것만으로, 이미 그의 목적은 90퍼센트 이상 성취된 것임을 너무도 잘 알고 있었으리라.

사람이란 남한테 감동을 받는 것 같지만, 사실은 자기 자신한테 감동하며 사는 존재다. 말도 안 되는 그 이른 새벽에 잠을 포기하고 주의 은혜를 사모해 줄 서 있는 자기 자신에게 감동하는 수많은 사람들은, 인간이란 존재가 얼마나 약하고 부서지기 쉬운지 한 번 더 돌아보게 하는 아픈 교훈으로 남는다.

지금은 비록 이런 말을 하지만, 나로서도 1987년에 2003년 사랑의교회 특새의 성공(?)을 감히 상상이나 할 수 있었을까?

아니, 나는 오히려 이렇게 생각했다.

'설교가 저래 가지고 미국에서 교회가 제대로 될까?'

내 예상은 보기 좋게 틀렸고 오정현 목사는 미국에서 승승장구하기 시작했다.

2000년 5월의 만남

2000년 초, 나는 아버지에게 장문의 메일을 보냈다. 당시 나는 미국 인디애나 주에 위치한 노터데임 대학(University of Notre Dame)에서 경영학 석사(MBA) 과정을 거의 마치고 취업을 준비하던 때였다.[4]

당시 나는 시카고에 있는 윌로우크릭교회 빌 하이벨스 목사

---

4 1997년 가을, 아버지는 이곳저곳에서 헤매고 있던 내게 말씀하셨다. "늦었지만 지금이라도 미국으로 가서 제대로 공부해라. 내가 너를 공부시킬 수 있는 경제적 능력이 있는 것도 이제 몇 년 안 남았다. 집회도 안 다니는 나한테 수입은 책에서 나오는 인세뿐인데, 내가 은퇴하면 누가 내 책을 사겠니?" 지금 생각하면 아버지는 이미 90년대 후반부터 본격적으로 은퇴를 준비하고 계신 듯했다. 모르겠다. 왜 그리 일찍 그런 생각을 하셨는지. 내가 추측할 수 있는 것은 그만큼 아버지의 건강이 좋지 않았을 것이라는 정도다.

의 설교와 캘리포니아에 있는 새들백교회 릭 워렌 목사의 설교에 상당히 심취되어 있었다. 한마디로 말해 이들의 설교는 학교에서 매일 듣는 경영학적 가르침을 성경에 접목하여 알기 쉽고 설득력 있게 풀어놓은 '성경적 조직 및 자기 관리'의 좋은 본보기였다.

  나는 이들의 설교를 들으면서 하나의 꿈을 꾸었다. 윌로우크릭교회나 새들백교회가 갖춘 선진적 시스템을 우리나라 교회 속에서 일구고 싶다는 꿈이었다. 그것은 내가 목사가 되겠다는 말이 아니다. 다만 교회 안에 선진적인 조직 시스템을 구축하여 그동안 주먹구구식, 또는 무조건 믿음으로 진행해온 교회 내 모든 행정 및 사업이 명확한 계획 안에서 투명하게 진행되도록 돕는 '교회 컨설턴트'를 꿈꿨다. 내가 학교에서 2년간 여러 사례를 통해 익힌 미국적 기업 시스템을 한국 교회 안에 펼치고 싶었다. 그래서 이런 나의 계획을 장황하게 써서 아버지께 이메일로 보냈다. 그 메일 안에는 일단 졸업과 더불어 이미 미국 내에서 급성장하고 있던 남가주사랑의교회에서 2, 3년간 일한 후 한국으로 돌아가고 싶다는 매우 구체적인 계획들이 들어있었다.

  아버지의 답장을 받는 데에는 별로 오래 걸리지 않았다. 아버지는 간단명료하게 내게 정신 차리라는 조언을 보내오셨다.

한국 교회는 내가 꿈꾸는 그런 고급 컨설턴트를 필요로 하지 않는다는 것이 아버지의 설명이었고, 정말로 어떻게든 교회에서 일하고 싶으면 목사 안수를 받으라는 말이었다. 따라서 나 자신이 하나님 앞에서 목사로서의 소명이 있는지 진지하게 고민하는 것이 무엇보다 우선이고, 목사로서의 부르심에 대한 강한 확신이 없다면 하루라도 빨리 한국에 돌아와 가족을 부양하는 성실한 가장이 되라는 충고의 답신이었다. 물론 나는 조금도 목사가 되고 싶었던 마음이 없었기에 아버지의 메일을 읽는 순간 일종의 '교회 전략 컨설턴트'로 남가주사랑의교회에 들어가려던 마음을 접고 귀국을 준비했다.

내가 왜 이 얘기를 하는가?

만약 아버지가 나의 논지에 설득되어 오정현 목사에게 나를 채용하라고 말했다면 어떻게 되었을까 하는 호기심 때문이다. 분명 오정현 목사는 적당한 자리를 하나 만들어 나를 채용했을 것이다. 그리고 나는 직원이 되어 그 교회 안에서 무슨 일을 시작했을 것이다. 내 추측이 틀리지 않는다면 2000년 그즈음, 이미 아버지는 후임 문제로 오 목사와 교감하고 있었을 것이다. 따라서 어떤 식으로든 오 목사는 아버지의 요청을 거절할 수 없었을 테고, 또한 단순히 요청을 받아주는 수준을 넘어 앞으로 한국 사랑의교회에서의 사역을 위해 나에 대한 활용 방안을 나를 지근거리에 두고 찾았을지 모른다.

그랬다면 어떻게 되었을까? 내가 만약 오정현 목사 가까이에서 그의 모습을 몇 년간 지켜보았더라면. 그때만해도 나는 무슨 책을 낸 사람도 아니었고, 그저 평범한 30대 초반의 집사일 뿐이었다. 오 목사 입장에서도 내가 신학교에 가서 목사가 되는데 전혀 관심 없다는 점을 확인하는 순간, 나에 대해 경계심을 가질 이유가 없었을 것이다. 그는 나를 측근에 두고 쓰려 했을 것이다. 어쩌면 비서실장 또는 전략적 핵심 고문 등 나름 멋진 직책으로 기용했을 것이다. 그러면서 옥한흠 목사의 장남을 수하에 둔 자기 자신을 대내외에 과시하려 했을지 모른다.

나는 아마도 둘 중 하나가 되었을 것이다. 그가 주는 달콤한 현실에 안주해 미국에서 열심히 그를 보좌하다가, 2003년 그의 '측근'으로 한국에 함께 귀국했을지 모른다.

2000년도에 내가 굳이 아버지께 남가주사랑의교회에서 일하고 싶다는 메일을 보낼 수 있었던 것은, 1987년 대학부 여름수련회 때 내가 가졌던 오정현 목사에 대한 평가, 좀 더 정확히 말하면 그의 설교에 대한 나의 평가를 2000년도에는 부인했었기에 가능했다. 나는 오 목사가 미국에서 개척한 교회가 계속해서 성장하는 모습을 보면서, 1987년 단 며칠에 걸친 몇 개의 설교를 듣고 가졌던 그의 설교에 대한 내 판단이 틀렸음을 인정하게 되었다. 그래서 한때 내가 '오해하고 과소평가했던' 그로부터 많은 것을 배울 수 있으리라 확신했다.

그러나 이와는 전혀 다른 결론도 가능하다. 어쩌면 이 결론이 더 실효성이 높을 것 같다. 그의 밑에서 몇 년간 일하는 동안 누구도 몰랐던 오정현 목사의 정체를 남가주에서 내가 제대로 파악하게 되는 시나리오 말이다. 만약 그렇게 되었다면 나는 오 목사를 자신의 후임으로 세우려는 아버지의 생각을 아마도 가장 적극적으로 반대했을 것이다. 단순한 느낌이 아니라 내가 같이 몇 년간 일했기에 알 수 있는 분명한 사실들을 가지고 말이다. 장담하건대 몇 년간 과거 오 목사와 아버지 사이에 어떠한 교감이 있었든지 간에 나는 아버지를 설득했을 것이다.

앞서 언급했듯이 나는 아버지의 메일을 받고 교회 컨설딘트의 꿈을 깨끗이 포기했다. 그리고 한국에서 취업하기 위해 본격적으로 회사를 찾기 시작했다. 마침내 한국의 한 회사에서 일하기로 확정된 후, 나는 졸업식을 마치고 약 2주간 언제 다시 올지 모르는 미국 여행을 떠났다. 그 여행의 마지막 일정은 남가주사랑의교회였다. 우리 가족은 미국의 명소 몇 곳을 들른 후, 마지막으로 남가주사랑의교회에서 예배를 드리고 나서 한국행 비행기를 타고 귀국할 예정이었다.

그리하여 1987년 수련회 이후 약 13년 만에 오정현 목사를 다시 만나게 되었다. 그때만해도 열정이 넘치던 한 청년일 뿐이었는데, 13년이 지난 지금 그는 미국의 한인 교회를 대표하는 거물 목사가 되어 있었다. 나는 설렜다. 그가 일구어놓은 교회가 궁금했고, 또 오정현이라는 사람이 과연 어떤 사람인지 마침내 개인적으로 접하게 될 그 첫 시간이 기다려졌다.

아마도 내가 미리 연락했던 것 같다. 교회 비서실에 전화해, 내가 어느 주일에 남가주사랑의교회에 가는데 오 목사님이 그 주에 계신지 확인하기 위해서 말이다. 다행히 그 주에 오 목사님이 계신다는 답변을 들었다.

드디어 약속된 날에 미라클 콤플렉스(Miracle Complex)라고 불리는 남가주사랑의교회 건물에 도착했다. 캘리포니아를 관통하는 5번 고속도로 옆에 위치하여 하루에도 수만 대의 차량이 교회 건물을 보고 지나간다는, 그래서 그것만으로도 선교한다고 홍보하는 그 교회 건물은 넓은 주차장에 비해 오히려 소박하게 느껴졌다. 복도에는 과거 이 교회에서 집회를 인도한 목사님들의 사진들이 걸려있었고, 가장 먼저 그 교회에서 집회를 인도한 사람은 아버지인 듯했다. 아버지의 사진이 가장 먼저 걸려있었던 것으로 기억한다. 우리 가족은 조용히 뒷자리에 앉아 예배를 드렸다.

예배의 느낌은⋯⋯.

신기했다. 그러나 무엇보다 나는 당황했다.

그날 최대한 집중하여 오정현 목사의 설교에 귀를 기울였다. 졸지도 않았다. 하지만 그가 무슨 메시지를 전하려는 것인지 도통 이해할 수 없었다. 누가 뭐래도 그날 예배의 백미는 집회 마지막에 교인들 전체가 일어나 찬양하는 시간이었다. 다들 무엇 때문인지 몰라도 두 손을 들고 찬양했다. 수련회에서라면야 전혀 어색하지 않을 그 장면이 '거룩한' 주일예배라는 선입관 때문인지 내 눈에는 어색하기 이를 데 없었다. 분명 내 옆자리에서 설교 내내 자던 사람이 갑자기 감격에 찬 얼굴로 돌변해 손들고 찬양하는 모습은 기괴하기까지 느껴졌다.

가장 놀라운 것은 그다지 넓지 않은 본당 전체를 성도들이 꽉 채우고 있었다는 점이다. 과연 소문대로 남가주사랑의교회는 미국에서 교인수로 볼 때 가장 크다고 해도 과언이 아닌 교회다웠다. 미국에 건너온 지 10년 남짓한 시간 동안 이런 성장을 이뤄낸 오정현 목사가 실로 대단하다는 생각이 들 정도였다.

하지만 나는 의문을 떨칠 수 없었다. 도대체 무엇이 교회를 자라게 하는가? 말씀이 아니라면 도대체 무엇이…….

그날은 특별히 그 교회에서 윤형주 장로를 초청해 간증 집회로 모이는 날이었다. 나이가 들었는데도 여전히 녹슬지 않은 윤형주 장로의 목소리에 나는 감동하지 않을 수 없었다. '정말로 프로란 이런 것이구나!' 그가 무대에서 전성기에 버금가는 목소리를 들려주기 위해 보이지 않는 곳에서 얼마나 많은 땀방울을 흘렸을지 눈에 보이는 듯했다.

계획대로라면 우리 가족은 예배 후 교회 근처 식당을 찾아 점심을 먹고 나서 생전 처음 가는 LA를 관광할 예정이었다. 그런데 본당 로비를 빠져나가려는 순간, 로비에 있는 스피커에서 방송이 울려 나왔다.

"옥성호 집사님 가족은 지금 즉시 담임목사님 집무실로 와 주십시오."

아마도 그날 내 전화를 받았던 누군가가 오정현 목사에게 미리 얘기했었음이 틀림없다. 우리 가족은 담임목사의 집무실로 향했다. 오정현 목사 부부(이날 윤난영 사모를 처음으로 만났다)는 우리를 반갑게 맞으며 집무실 옆에 위치한 접견 장소로 안내했다. 이미 그 자리에는 윤형주 장로도 앉아있었다. 소위 말하는 VIP를 접대하는 담임목사의 공간이었던 셈이다. 나는 오 목사 외에 유명 연예인까지 함께 있는 이 자리에서 식사하게 된 것에, 마치 무슨 유명 인물이라도 된 듯한 우쭐함을 느꼈다. 분위기는 화기애애했고 오정현 목사는 우리 가족이 다른 계획이 없다면 저녁 식사도 같이 하자고 초청했다. 거절할 이유가 없었다. 오정현 목사가 내 앞에서 설교만 하지 않는다면 그분은 내게 100점에 가까운 사람이었다.

식사 후 그는 잠시 나를 자신의 집무실로 불렀다. 그리고 컴퓨터를 가리키며 말했다.

"옥 집사, 서울 사랑의교회 홈페이지 봤어? 이거 이러면 안 돼. 너무 복잡해. 홈페이지가 간결하고 단순해야지 이렇게 복잡하면 누가 들어와서 보겠어."

당시 이런저런 형태로 메인 페이지를 시도하고 있던 사랑의교회 홈페이지를 가리키며 그는 문제점을 지적했고, 자신이 맡게 되면 어떻게 할 것이라는 계획을 피력하기도 했다. 나는 이미 이런저런 경로를 통해 그가 아버지의 후임이 될 것이라는 사실을 알고 있었기에, 그런 말들에도 전혀 거부감이 들지 않았다. 오히려 앞으로 사랑의교회에서의 사역을 미리 열심히 준비하고 있다고 생각했다.

사족이지만 내가 나중에 듣고 이해할 수 없었던 것은, 어떻게 남가주사랑의교회 교인들은 오정현 목사가 한국으로 갈 것이라는 사실을 그토록 오랫동안 모를 수 있었는가 하는 부분이다. 내가 알기로 2000년 들어 이미 사랑의교회 핵심 부교역자들은 오정현 목사의 부임 소식을 알고 있었다. 국제제자훈련원 대표총무였던 김명호 목사는, 어느 교역자 수련회에 참석한 오정현 목사가 몇 명의 핵심 부교역자들을 앉혀놓고 자신이 조만간 사랑의교회로 간다는 말을 직접 하기도 했다고 내게 말했었다. 교회 안의 소문, 그 중에서도 목사들 사이의 소문이 얼마나 빠른지를 익히 아는 나로서는 남가주사랑의교회 교인들이 이를 모른다는 사실이 도무지 이해가 안 됐다. 다시 말하면 이 말이 분명 그 교인들 귀에 들어갔을 것으로 생각된다. 어쩌면 둘 중 하나일 가능성이 높다.

하나는 조만간 떠난다는 사실이 공식화될 경우 남가주사랑의교회 내에서 자신의 영향력이 약해질 것을 우려해, 오정현 목사가 적극적으로 그런 소문을 부인하고 차단했을 수 있다. 다른 하나는 개척한 교회를 미국에서 가장 크게 성장시킨 오 목사가 무슨 이유로 미국을 떠나겠냐며, 성도들 입장에서 단정지었을 수 있다. 나는 전자와 후자가 절묘하게 합쳐졌다고 생각한다.

특히 후자의 경우, 한인 교포들은 미국에서 산다는 사실 자체에 대한 자부심이 높다는 점을 들 수 있다. 따라서 미국에서 성공한 어느 목사가 '이 좋은' 미국을 놔두고 '저 후진' 한국으로 떠나겠다고 하면, 그들 중 상당수는 "에이, 그게 말이 돼?"라고 반문하고도 남을 것이다. 그게 미국 교포들의 정서다. 게

다가 남가주사랑의교회는 힘든 개척 교회도 아니고 이제 명실상부한 대형 교회가 아닌가.

주일 저녁 화려한 한식당에서 우리 가족은 '또다시' 윤형주 장로님을 비롯해 오정현 목사 부부와 만났다. 나는 속으로, 윤 장로님도 우리 가족만큼이나 다른 일정이 없으신가 보다 하고 생각했다. 점심때와 달리 그날 저녁은 이런저런 많은 대화가 오갔다. 윤 장로는 과거 트윈 폴리오를 비롯한 가수 시절에 대해 많은 얘기를 하셨다. 그날의 대화 중 기억에 남는 오정현 목사의 말들이 있다.

> "미국 교포 교회 교인들의 숫자는 반드시 기존 성도 수에 10을 곱해 줘야 한다. 예를 들어 우리 교회가 3,000명 정도 출석한다고 할 때, 한국으로 치면 3만 명이 출석하는 교회인 셈이다. 그만큼 미국에서 한인 목회를 하기란 어렵다. 따라서 열 배를 더 쳐줘야 한다."

윤 장로가 한국에서도 신앙 좋기로 유명한 코미디언 구봉서 장로에 대해 얘기하자 오정현 목사가 말했다.

> "윤 장로님, 조만간 제가 한국에 가면 구봉서 장로님과 꼭 한 번 같이 만납시다."

사실 아무것도 아닌 얘기다. 구봉서 장로님과 한 번 만나자는 게 뭐 그리 잘못이겠는가? 그런데도 오정현 목사의 그 말이 내 뇌리에 강하게 남아있다. 그에게서 어떻게든 유명한 사람들과 관계를 맺고 싶어하는 마음이 느껴졌기 때문이다.

대화 중에 남가주사랑의교회 수석 부목사로 일하다가 오정현 목사와 마찰을 일으켜 교회를 떠난 모 목사에 대한 얘기가 나왔다. 다른 건 몰라도 남가주사랑의교회에서 5분 정도 떨어진 거리에서 교회를 시작한 데 대하여 오 목사 부부는 분개하고 있었다. 그 분노를 나도 충분히 이해할 수 있었다. 그렇게 가까운 거리에서 새로 개척한 부목사의 모습이 그리 아름답게 보이지 않았기 때문이다.

식사를 마치고 식당을 나서서 헤어지려는 순간, 윤난영 사모가 오정현 목사를 구석 한편으로 데리고 갔다. 다시 돌아온 오 목사는 내게 여행에 보태라면서 200불을 쥐여주었다.

그날 저녁 식사 중 나눈 대화를 내가 이토록 장황하게 쓰는 데는 이유가 있다. 그때까지만 해도 나에게는 목사에 대한 나름의 환상이 있었다. 더 정확히 말하면 나름의 기대를 하고 있었다. 목사님들끼리 또는 목사님들과 장로님들이 모여 대화를 하거나, 그래도 유명한 분들이 모여서 얘기하면 그 내용이 나름의 수준이 있으리라 생각했다. 그러나 그날 저녁 대화는 정말 보통 사람들의 신변잡기 수준의 이야기 그 이상도 이하도 아니었다. 차이가 있다면 식사 전에 다소 긴 기도 시간이 있었다는 정도. 물론 지금 생각하면 하나도 이상할 것이 없다. 사람은 자기 속에서 넘치는 것이 자연스럽게 나오기 마련이니까.

　미국의 한인 교회에서 남자들이 모이면 주된 화제가 골프다. 좀 전까지 주일예배를 드리면서 눈물을 흘렸어도, 막상 식당에서 나누는 얘기는 골프에 대한 주제를 벗어나는 일이 없다. 왜 그런가? 골프가 자신의 내부를 가장 많이 채우고 있는 대상이니까 그렇다.

　그날 나는 너무도 당연한 우리 인간의 현실을 잠깐 보았을 뿐이다. 그렇다고 내가 어딘가에도 썼듯이, TV 프로그램에 EBS 교양 프로만 있어야 한다는 말은 전혀 아니다. 예능 프로도, 쇼 프로도, 영화 프로도 있어야 한다. 목사도 마찬가지다. 크리스천도 마찬가지다. 말만 하면 성경 얘기, 예수님 얘기만 해야 진짜라는 말이 아니다.

　그러나 사람이란 매우 예민한 존재다. 사람마다 정도의 차이는 있겠지만, 아주 작은 디테일 속에서 본질을 볼 수 있는 능력을 다 갖고 있다. 아무리 예수님 얘기를 하더라도 누가 말하느냐에 따라 그 얘기가 천박하고 세속적으로 들릴 수 있다. 사람은 그걸 느낄 수 있다. 하물며 권투 얘기를 하더라도 누가 말하느냐에 따라 그 속에서 깊이와 무게를 느낄 수 있다.

사실 나는 아버지와 많은 얘기를 나누지 않았지만, 그 내용과 상관없이 일상의 사소한 대화에서조차도 옥한흠이라는 사람만이 줄 수 있는 어떤 무게와 깊이를 느끼곤 했다. 그리고 그것이 목사라면 누구나 가지고 있는 당연한 자질이라고 은연중 느꼈는지도 모른다. 하지만 그날 저녁 대화에서는 내가 아버지에게서 느꼈던 그 무엇을 오정현 목사에게선 느끼지 못했다. 그리고 보면, 아버지는 늘 입버릇처럼 당신과 오 목사가 스타일은 달라도 '본질'에서는 똑같다고 말씀하시곤 했다.

그럼에도 그날 나는 옥한흠과 오정현 사이에 단순히 스타일의 차이가 아닌 그 이상의 어떤 다른 점을 본 것 같다. 물론 사람은 다 다르다. "도대체 무엇이 본질인데?"라고 물으면 할 말이 없다. 그러나 아버지가 당신과 '본질'이 같다고 말해온 사람과 마주한 그날, '도대체 아버지는 어떤 점에서 자기와 같다는 거지?'라는 질문을 나 자신에게 던질 수밖에 없었다.

저녁 식사 후 당시 남가주사랑의교회에서 부교역자로 있던 정우길 목사님이 우리를 호텔까지 차로 태워주셨다. 정 목사는 미국에 오기 전 사랑의교회에서 아버지와 함께 부교역자로 계셨던 분이다. 그분이 운전하면서 옆자리에 앉은 내게 말했다.

"옥 집사, 오정현 목사님께서 한국 사랑의교회로 가신다는 얘기가 있어. 알고 있지?"

"네, 들었어요."

"옥 집사, 그거 알아? 어쩌면 유일하게 내가 옥한흠 목사님과 오정현 목사님 두 분을 다 모셔본 부목사라는 사실을······."

그분은 잠시 말을 끊었다. 그리고 말했다.

"그냥 이거 하나만 얘기할게. 오정현 목사님과 일하면서 나는 자네 아버지를 정말로 더 존경하게 되었어."

나는 그분이 무슨 말을 하고 싶었는지 단박에 알 수 있었다. 비록 입을 열어 표현하진 않았지만. 아마도 내가 그날 느꼈던 아버지와 오정현 목사의 차이에서 오는 불안감, 그 실체를 정우길 목사는 오랜 시간 체험적으로 느꼈기 때문이 아니었을까? 나는 순간 "왜 그런데요?"라고 자세히 묻고 싶었지만 묻지 않았다.

WHY?

아버지가 이 사실을 몰랐을 리 없다. 사실상 아버지에게는 지금까지의 결정을 되돌릴 수 있는 마지막 기회가 온 것이다. 남가주사랑의교회에서 불거진 의혹이 깨끗하게 풀릴 때까지 오정현 목사의 부임을 미루는 것이 누가 봐도 상식적이고 교회를 위한 결정이었다. 목사는 모든 면에서 투명하고, 최소한의 기본적 의혹들로부터 자유로워야 한다. 그때까지 아버지는 오 목사의 부임 결정을 미뤘어야 했다.

02
결정의 과정

WHY?

오정현 목사의 부임이 알려진 후 이를 반대하는 사람들에게 아버지가 아마도 가장 많이 말한 문장이 이게 아닐까 싶다.

"그럼 대안이 있나? 대안을 얘기해. 무조건 안 된다고만 말하지 말고."

오정현 목사를 반대한 대표적인 사람들은 하나같이 오랫동안 그를 곁에서 지켜보았다는 공통점을 가지고 있었다. 대표적인 몇 명만 짚어보아도 그렇다. 최홍준 목사, 강명옥 전도사, 홍정길 목사, 이동원 목사, 이랜드그룹 박성수 회장 등등. 사실상 이분들은 아버지의 가장 큰 신임을 받았던 분들로, 아버지는 다른 사람은 몰라도 이분들의 의견에 귀를 기울이셨다. 그런데 이분들이 만장일치로 오정현 목사의 사랑의교회 부임을 반대했다. 아마 약간의 차이는 있었을지 몰라도 오정현 목사를 오랫동안 지켜본 사람들은 한결같이 그의 '정체'를 알고 있었기 때문이다.

"도대체 그의 정체가 뭔데?"라고 누군가 이들 중 한 사람에게 묻는다면, 명확하게 대답하지 못했을 수 있다. 그러나 사람에게는 도저히 부정할 수 없는 육감이라는 것이 있다. 조금씩 이유는 다를지 몰라도 아버지에게 소중했던 사람들은 한결같이 다 오정현 목사의 정체를 감지하고 있었다. 그래서 그들은 오 목사의 사랑의교회 부임을 반대했다. 최홍준 목사는 언젠가 내게 이렇게 말했다.

> "나는 아예 작정하고 서울에 와 1박 2일 아버지 곁에 머물면서 오정현 목사의 부임을 반대했었어."

어쩌면 아버지는 2003년 후반 오정현 목사의 사랑의교회 부임 이후, 점점 더 당신의 눈에 똑똑히 드러나는 그의 정체에 대한 의구심을 5년 이상 억누르며 부인했는지 모른다. 그러다 도저히 당신 자신을 억누를 수 없게 된 2008년 6월, 아버지는 오정현 목사에게 "도대체 너의 정체가 무엇이냐"라는 편지를 보냈다. 나는 그 편지를 아버지가 어떤 마음으로 썼을지 너무도 생생하게 느낄 수 있었다. 하지만 이것은 한참 후의 일이다.

말이 나온 김에 오정현 목사의 부임을 반대하는 사람들 중 특히 목회자들이 대놓고 반대하는 가장 큰 이유를 살펴보자. 바로 오 목사의 '설교' 때문이었다. 앞서 나는 어쩌면 그들이 오 목사의 정체를 알았기 때문이라고 말했다. 사실 그렇더라도 그 말을 쉽게 할 수 있는 것은 아니다.

예를 들어, "옥 목사님, 오 목사는 욕심이 많고 야망으로 꽉 찬 사람입니다. 제자훈련은 겉껍데기일 뿐 내용은 전혀 다릅니다"라고 막상 말하기란 쉽지 않다. 왜냐하면 그것은 겉으로 드러난 사실(fact)이라기보다 말하는 사람의 의견(opinion)으로 치부될 수 있기 때문이다. 그러나 설교는 전혀 다른 문제였다. 그것은 엄연한 사실이었다. 오정현 목사의 설교는 사람의 말에 있어서 가장 기본이 되는 논리 전개에서부터 많은 약점이 있다는 사실을 알 만한 사람은 다 알고 있었다.

그런데 옥한흠 목사가 누구인가? 설교와 관련해서 한국의 목사라면 누구나 다 몇 손가락 안에 꼽는 사람이 아닌가? 그 어떤 수식어보다도 '명설교자'라는 수식어가 가장 잘 어울리는 옥한흠 목사가, 차마 설교라고 하기에도 민망한 수준의 설교를 하는 목사를 어떻게 후임으로 데려 올 수 있단 말인가?

"목사님, 오정현 목사는 설교 때문에 안 됩니다."

아마도 아버지가 가장 많이 들었을, 오정현 목사가 와서는 안 될 가장 큰 이유였다.

이런저런 얘기를 다 생략하고 잠시 과거를 돌아보며 상상의 시간을 가져보자.

과연 오정현 목사의 사랑의교회 부임을 막을 수 있는 순간은 없었던 것일까? 내가 볼 때 분명히 있었다. 그것도 한 번이 아니라 몇 번의 기회(물론 오정현 목사의 입장에서는 '위기')가 있었다.

1990년대 말 어느 날, 아버지에게 충격적인 편지 한 통이 날아왔다. 오정현 목사가 남가주사랑의교회를 개척할 때, 아버지가 함께 교회를 섬기도록 모아준 몇몇 가정 중 한 가정이 메일을 보낸 것이다. 그 메일의 내용은 다음 두 가지로 요약된다.

"인간적으로 오정현 목사를 알게 될수록 실망하게 된다. 급기야 함께 교회를 시작했던 모든 가정이 다 교회를 떠났다."

아버지에게 이 내용은 충격이 아닐 수 없었다. 아버지는 그 편지를 받고 얼마 후 있었던 사랑의교회 교역자 수련회에서 이러한 자신의 고민을 토로했다.

"내가 매우 아끼는 한 후배 목사가 있다. 그런데 그를 인간적으로 알수록 사람들이 떠난다고 한다. 오늘 그 목사를 위해 함께 기도했으면 좋겠다."

그 자리에 함께한 교역자들 중 아버지와 가까이 관계한 사람들은 '그' 목사가 누구인지 알 수 있었다. 아버지는 그때 교역자들과 함께 '그'를 위해 기도하는 것으로 끝나선 안 됐다. 필요하다면 당신에게 편지를 보낸 사람, 그리고 오정현 목사와 함께 교회를 개척했던 사람들을 만나 자세히 상황을 알아봤어야 했다. 그러나 내가 아는 한 아버지는 그러지 않았다.

사람에게는 그런 게 있다.

진실을 두려워하고, 알고 싶어 하지 않고, 절대 그럴 리 없다고 속으로 말하며 자신을 보호하려는 본능이랄까? 그래서 '모르는 게 약'이라는 말도 생기지 않았을까?

아마도 아버지는 자신에게 이런 말을 가장 많이 하시지 않았을까 싶다.

"절대 오 목사는 그런 사람이 아니야. 그럴 리가 없어. 내가 오 목사를

몇 년 동안 알았는데…….″

위기는 또 있었다.

사실 아버지가 대안을 요구하셨지만, 대안이 전혀 없던 것은 아니었다. 최홍준 목사는 실질적인 대안을 제시했다. 최 목사가 아버지의 후임으로 강력하게 추천한 사람은, 다름 아닌 현재 분당우리교회를 담임하는 이찬수 목사였다.

내가 이찬수라는 이름을 처음 접한 것은 1999년 미국에서였다. 우연히 인터넷을 통해 그가 인도하는 청소년 집회 설교를 들었는데, 사실 좀 놀랐다. 그 설교는 '가나의 혼인 잔치'를 본문으로 한 내용이었다. 그런데 청소년들에게 감동과 도전을 주는 형태로 본문을 풀어낸 그의 메시지는 다소 어눌한 듯한 말투와 어울려 더 큰 진정성을 발휘하고 있었다. 사실 솔직히 말해 나는 그동안 사랑의교회 부교역자 설교에 크게 감동하거나 놀란 적이 별로 없다. 하지만 그날 처음으로 충격을 받았다. 내게는 매우 신선한 경험이었다.

그래서 그런지 몰라도 사랑의교회 규모상 일개(?) 교육목사에 불과했던 이찬수 목사는 아버지에게서 특별한 주목을 받았다. 분당우리교회 개척기를 담은 그의 책 『세상에 없는 것』(생명의말씀사, 2003)을 보면, 개척과 관련하여 아버지와 나눴던 얘기들이 나온다. 무엇보다 그를 향한 아버지의 특별한 사랑과 기대가 고스란히 묻어나 있다.

분당우리교회는 이찬수 목사가 담당하던 주일학교 교사들을 중심으로 2002년에 시작되었다. 그리고 개척과 더불어 빠르게 성장했다. 오정현 목사가 부임한 것은 2003년 8월이었고, 그의 부임에 대해 가장 적극적인 반대가 이뤄지던 시점은 2002년 들어서였다. 물론 사랑의교회 안팎에서는 오정현 목사 청빙 소식이 기정사실로 되어가고 있었지만, 무슨 공식 문서로 서명한 것도 아니어서 언제라도 바뀔 수 있는 일이었다.

최홍준 목사는 이찬수 목사를 강력하게 추천했다. 나는 분명 아버지의 마음이 흔들렸을 것으로 생각한다. 그러나 아버지의 눈에 이제 막 교회를 시작한 이찬수 목사는 성인 목회 그리고 제자훈련 목회 영역에서 아직 검증된 사람이 아니었다. 게다가 아직 젊은 나이를 고려할 때 이찬수 목사보다 나이가 많은 사랑의교회의 기존 부교역자들의 입장도 생각해야 했을 것이다.

그러나 만약 이찬수 목사의 개척이 1년만 더 빨랐더라면 상황은 다를 수 있었는지도 모른다. 한 주도 빠짐없이 분당우리교회 이찬수 목사 설교를 인터넷으로 듣던 아버지는 2008년경 내게 말씀하셨다.

"이 목사의 설교 스타일은 앞으로 한국 교회에 새로운 모델이 될 수 있을 거야."

성도들을 말씀으로 키우는 목사의 역할을 가장 중요하게 여기셨던 아버지의 입장에서 볼 때, 만약 개척이 조금만 더 빨랐더라면 이찬수 목사야말로 분명한 대안이 되었을 것이다. 만약 그 경우였다면 아버지의 시나리오는 다음과 같이 진행되지 않았을까?

아직 성장 단계에 있는 분당우리교회와 사랑의교회가 자연스럽게 하나로 합쳐진다. 또는 이찬수 목사의 경력과 대내외적 명분을 위해 분당우리교회에서 몇 년간 더 사역하면서 그 교회를 맡을 후임을 찾는다. 그리고 아버지는 굳이 65세에 은퇴하지 않고 70세로 정년을 채운다.

물론 이런 일이 실제로 생겼다면 이찬수 목사는 엄청난 고뇌를 했을 것이다.

한편 사랑의교회에 오정현 목사가 부임한 후에도 남가주사랑의교회는 꽤 오랫동안 후임을 찾지 못해 고생하고 있었다. 그러던 중 이찬수 목사가 남가주사랑의교회에서 집회를 했고, 그 후 남가주사랑의교회는 이찬수 목사를 청빙하고자 전방위로,

아니 거의 상상을 초월할 정도로 애를 썼다. 당시 이찬수 목사는 아버지를 찾아와 남가주사랑의교회 부임 여부를 상담했었다. 그즈음 나는 이찬수 목사를 만나서 대화할 기회가 있었다.

"형(사석에서는 이찬수 목사를 형이라고 부른다), 남가주사랑의교회 가실 마음이 있어요? 아버지는 뭐라고 하시던가요?"

당시 이찬수 목사의 마음은 정확히 5대 5로 나뉘어 갈등하고 있었다. 아버지 역시 이찬수 목사에게 뭐라고 정확히 조언할 상황이 아니었다. 아버지는 아버지대로 오정현 목사가 떠난 후 담임목사 없이 힘든 시간을 보내는 남가주사랑의교회에 대해 큰 채무의식을 가지고 있었다. 동시에 이찬수 목사가 시작한 분당우리교회 성도들도 생각해야만 했다.
그러나 이찬수 목사의 마음이 둘로 나뉘어 힘들었던 이유는 아버지와 다른 점이 있다. 남가주사랑의교회 집회에서 이찬수 목사가 그 교회 성도들로부터 느낀 안타까움이 너무도 컸다는 점이다. 이에 대해 이찬수 목사는 다음과 같이 말했다.

"성호야, 집회 중에 성도들이 말씀을 듣는 모습이 마치 바짝 마른 스펀지가 물을 빨아들이는 것 같아서 내 마음이 너무 아팠다. 그곳 성도들이 너무 불쌍하고 너무 마음이 힘들었다."

이찬수 목사는 갈급한 성도들의 모습에 자신도 모르게 흔들리고 있었다. 그러나 결국 남가주사랑의교회의 청빙과 관련해 분명한 결정을 내렸다. 물론 공식적으로 이찬수 목사가 자신의 마음을 밝힌 한참 후로도 남가주사랑의교회의 구애는 끊이지 않았지만.

나는 어느 정도 시간이 흐른 후 이찬수 목사에게 물었다.

"형, 만약 그때 아버지가 남가주로 가라고 하셨다면 어떻게 했을 거 같아요?"

이찬수 목사는 조금의 망설임도 없이 내게 말했다.

"성호야, 나는 목사님이 가라고 하셨으면 갔다."

이런 이찬수 목사였으니 만약 내가 위해서 말한 가상의 시나리오가 실제로 발생했다면, 이미 교회를 개척한 입장에서 힘든 결정이겠지만 결국 그가 사랑의교회로 오지 않았을까 생각한다.

그러나 이찬수 목사가 사랑의교회로 왔다 해도, 과연 분당우리교회에서처럼 마음껏 사역을 펼칠 수 있었을까? 나는 그건 힘들지 않았을까 싶다. 물론 사랑의교회가 결코 지금의 상황을 맞지는 않았겠지만, 한국 교회 역시 지금 분당우리교회가 보여주는 모습들을 목격하지 못했을 것이다. 내가 높게 평가하는 분당우리교회의 모델은 분립을 위한 노력에서 찾을 수 있다. 그리고 무엇보다 이찬수 목사 개인으로 볼 때, 그는 분당우리교회 담임목사로 사역하는 것이 사랑의교회 담임목사로 사역하는 것보다 백 배는 더 행복하다고 나는 확신한다.

2003년이 되고 그 해 12월에 사랑의교회로 부임하기로 된 오정현 목사에게 실질적인 위기가 닥친다. 그것은 다른 곳이 아니라 남가주사랑의교회 내부에서 발생했다. 자세한 이유는 모르지만, 2001년과 2002년에 남가주사랑의교회에서 재정 감사가 시행되었다. 그것도 교회 내부에서 하는 형식적 감사가 아닌 외부에서 하는 철저한 감사였다. 그리고 오정현 목사의 사역과 관련해 일련의 의혹을 제기할 만한 재정지출 현황들이 드러났다.[5]

---

[5] 여기에 대한 자세한 내용은 인터넷을 통해 쉽게 찾을 수 있다. 사랑넷(http://cafe.daum.net/pray4sarang) 또는 하우사랑(http://cafe.daum.net/howsarang) 등을 통해서이다.

사실 한국이라면 조용히 넘어갈 수도 있을지 모른다. 그러나 미국은 달랐다. 미국에서 기업을 하는 사람들에게 있어서 투명하고 정직한 재정이란 상식의 차원을 넘어 너무나 당연한 것이었다. 교회도 예외는 아니었다. 단지 드러나지 않았을 뿐, 구체적인 비리들이 드러나면 교회도 똑같은 잣대로 판단될 수밖에 없었다.

재정 감사 후 남가주사랑의교회 당회가 겪었을 곤혹감이 어떠했을지 쉽게 상상할 수 있을 것이다. 무엇보다 오정현 목사에게 개인적인 위기감을 불러일으킨 것은 미국 언론의 관심도였다. 미국에서 가장 급성장하는 한인 교회, 그것도 '미라클 콤플렉스'로 불리는 대형 건물을 성공리에 건축하고, 미국의 주류 교회들과도 네트워크를 맺는 교회, 한 걸음 더 나아가 한국을 대표하는 사랑의교회 제 2대 담임목사로 예정된 오정현 목사가 연루된 재정 문제인 만큼 어떻게 언론이 관심 갖지 않겠는가?

누가 봐도 뻔한 결과가 눈앞에 기다리고 있었다.

남가주사랑의교회 재정 문제가 언론에 크게 터진다면, 오정현 목사의 부임 건은 사실상 거대한 암초를 만날 수밖에 없었다. 아무리 옥한흠 목사가 존경을 받고 절대적 권위를 가진다 해도, 언론에 의해 비리 혐의를 가진 목사를 후임으로 데리고 오는 것이 쉬울 수 있을까? 그 사실이 만천하에 공개될 때, 사랑의교회 당회를 비롯한 내부에서 반발이 없을 수 있을까?

결국 가장 좋은 해결책은 어떻게 하든지 이 문제가 언론에 공개되는 것만은 막는 것이었다. 그리고 될 수 있는 대로 남가주사랑의교회 내부에서 봉합해야만 했다. 그러나 이미 외부에 의해 시작된 감사를 남가주사랑의교회의 의지대로 덮고 묻을 수만은 없는 노릇이었다. 또한 교회의 당회원 모두가 오정현 목사에게 호의적인 것은 결코 아니었다. 당시 절반에 가까운 당회원들이 오 목사를 지지하지 않았다고 한다. 결국 우여곡절 끝에 재감사를 시행하게 되었다. 다른 건 몰라도 오 목사의 입장에서는 일단 시간을 벌 방법을 만든 것이다.

아버지가 이 사실을 몰랐을 리 없다. 사실상 아버지에게는 지금까지의 결정을 되돌릴 수 있는 마지막 기회가 온 것이다. 남가주사랑의교회에서 불거진 의혹이 깨끗하게 풀릴 때까지 오정현 목사의 부임을 미루는 것이 누가 봐도 상식적이고 교회를 위한 결정이었다. 목사는 모든 면에서 투명하고, 최소한의 기본적 의혹들로부터 자유로워야 한다. 그때까지 아버지는 오 목사의 부임 결정을 미뤘어야 했다.

그러나 돌아가는 상황은 복잡했다. 행여 재정 감사 결과와 관련해 오정현 목사에 대한 보도가 언론에 대대적으로 터진다고 할 때, 그 여파를 가늠하기 어려웠다. 동시에 아버지의 명예에도 치명타를 입지 않으리라는 보장이 없었다. 지난 몇 년간 교회 내부에서 최소한의 충격파로 오 목사를 부임시키기 위한 아버지의 노력은 어떻게 되겠는가? 아버지의 영적 리더십마저 심각한 타격을 받을 것은 불 보듯 뻔한 일이었다. 이런 면에서 아버지와 오정현 목사는 오 목사가 부임하기 한참 전부터 '한배'를 탄 관계, 즉 공동 운명체였는지 모른다. 아버지는 교회를 위해서 시작한 일이었지만 '오정현'이라는 카드를 너무 일찍 꺼내 든 셈이 되었다.

그럼에도 불구하고 아버지는 기다렸어야 했다. 그것은 사랑의교회라는 상징적이고 가장 존경받는 교회의 담임목사로서 지켰어야 할 공인의 책임이었다. 그러나 안타깝게도 아버지는 이 부분에서 본인이 해야 했을 최소한의 책임을 다하지 못했다. 어쩌면 아버지의 생각은 너무도 뻔했는지 모르겠다. '오 목사가 그럴 리가 없어. 남가주사랑의교회를 떠난다고 하니까 오 목사에 대해 섭섭함을 넘어 앙심을 품은 교회 내의 몇 명이 오 목사를 힘들게 하는 걸 거야.'

재정 감사 그리고 이와 관련하여 있을지 모를 언론 공개라는 절박한 상황을 놓고, 나는 누가 누구에게 먼저 이 문제를 거론했는지 모른다. 이 문제를 타개할 길은 오 목사의 사랑의교회 조기 부임이었다. 다른 말로 하면 하루라도 빨리 미국을 떠나는 것이었다. 남가주사랑의교회와 오 목사에게 쏟아지는 언론의 관심에서 '아예' 사라지는 것이었다. 이미 떠난 사람에 대해서 누가 무슨 말을 하겠는가? 한국 정서상 이제 새로운 곳에서 새로운 출발을 하는 사람, 그것도 목사를 향해 돌을 던지는 것은 지금도 그렇지만 그때는 더 어려운 일이었을 것이다. 당시 남가주사랑의교회 한 장로는 그 일과 관련해 내게 이렇게 말했다.

"남가주에 있는 한국, 미국 신문사 등에서 당시 이 사안(재정 감사와 관련한 오 목사의 의혹)에 대한 인터뷰 요청이 있었습니다. 하지만 오랫동안 같이 사역해서 정도 들었고, 곧 가실 분, 또 젊은 분의 장래를 막는다는 것은 도리가 아닌 것 같아 인터뷰까지는 차마 감당하지 못한 것 같습니다."

틀린 말이 전혀 아니다. 남가주사랑의교회에서는 얼마든지 그럴 수 있었다. 그러나 아버지는 그래선 안 되었다. 왜냐하면 아버지는 사랑의교회 담임목사였기 때문이다. 아버지의 결정에 따라 사랑의교회의 미래가 결정될 만큼 중요한 문제였다. 그러나 아버지는 남가주에서의 의혹에 눈을 감았다. 그리고

2003년 1월 7일 교역자 회의에서 이렇게 말했다.

"오정현 목사는 6월까지 남가주사랑의교회 사역을 마무리하기로 했습니다. 현재 두 명을 후보로 놓고 남가주사랑의교회 당회에서 작업 중에 있습니다. 그래서 7월 한 달은 쉬고, 8월에 이사할 것입니다. 원래 12월에 오기로 되어 있었는데, 이미 신문에 이 사실이 알려져 진행 속도가 빨라졌습니다. 교회가 공식적으로 알리기 전에 먼저 신문에 보도된 것입니다.
오정현 목사님이 신학교 문제가 있었는데 3학년에 편입하여 시험을 패스하고 전부 끝낸 상태입니다. 2월에 강도사 고시를 치르는 일이 남아 있습니다. 편목이란 딱지를 붙이지 않고 사역하려면 일단 거쳐야 할 과정입니다. 그래서 12월까지는 동사목회를 할 것입니다. 그리고 12월 초쯤에 절차를 밟아 사역 인계를 할 것입니다. 저는 70세가 될 때까지 5, 6년 동안 바깥일을 할 것입니다. 교회에서도 이런 사역을 하도록 작업하고 있습니다."

지금 생각해 보면, 아버지는 어쩌면 이때 오정현 목사가 진정으로 사는 길을 막았는지도 모른다. 그러나 아버지 입장에서는 어떻게든 궁지에 몰린 오 목사를 빨리 한국에 데리고 오는 것이 그를 살리고 무엇보다 사랑의교회를 살리는 길이라고 확신했을 것이다.

어떻게 이런 비상식적인 절차로 사랑의교회에 2대 담임목사가 오는 것이 가능했을까? 두 가지 가장 큰 이유가 있다. 옥한흠 목사가 사랑의교회에서 가진 가히 '절대적'인 권위가 그 첫 번째 이유이고, 두 번째는 아버지가 오정현 목사에 대해 가진 믿음이다.

그랬다. 아버지는 너무 믿었다. 아버지는 사람을 너무 믿었다. 오정현 목사를 100퍼센트 아니 뼛속까지 믿었기에 이런 조기 부임이 가능했다. 많은 사람이 오 목사의 사랑의교회 부임과 관련하여 오늘까지도 말한다.

"당시 옥 목사님께는 대안이 없었잖아?"

그러나 나는 다르게 생각한다. 아버지에게는 분명한 대안이 있었다. 그것은 최선이 아니면 선택하지 않고 기다리는 것이었다. 시간은 아버지 편이었고 사랑의교회 편이었다. 당신에게 주어진 5년간 기다리며 최선을 찾았어야 한다. 그러나 아버지는 그러지 않았다. 물론 거기에는 오정현 목사를 절대적으로 믿었다는 사실 외에도 여러 가지 이유가 있다. 그 이유에 대해서는 이 책의 마지막 장에서 자세히 살펴볼 것이다.

WHY?

사랑의교회에서 있었던 2003년 가을 특새는 제자훈련을 보강하기보다 제자훈련의 본질 자체를 바꾸었다고 생각한다. 왜냐하면 오정현 목사라는 개인의 스타일을 백분 드러낸 이벤트가 되었기 때문이다. 게다가 40일이라는 기간을 통해서도 드러난다. 매일 새벽 본당에 들어가기 위해 집회 시작 몇 시간 전부터 줄을 서고 이렇게 40일을 보낸다면, 그것은 '일상생활'의 포기를 의미한다. 일상을 포기한 새벽기도와 찬양, 이것이 어떻게 세상으로 나아가는 제자와 양립할 수 있을까?

03
부임 그리고 특새

WHY?

 아버지는 궁여지책으로 예정보다 일찍 부임한 오정현 목사와 관련해 한 가지 계획을 하고 있었다. 약 6개월 정도의 공동목회 기간을 갖는 것이다. 아버지 입장에서 이 기간은 서로에게 다 좋을 것이라고 확신했음이 틀림없다.

 앞서 나는 오정현 목사의 부임을 반대하는 사람들이 들고 나온 가장 큰 이유가 그의 설교라고 말했었다. 그러나 아버지의 생각은 단호했다. 오히려 "오정현 목사의 설교는 좋아질 수 있다. 설교와 관련하여 오 목사는 기꺼이 내 지도를 받을 것이다. 오 목사 고유의 설교 스타일의 장점을 살리면서 그 위에 내 지도를 더하면 오히려 나보다 더 훌륭한 설교자가 될 수 있다"라고까지 말씀하셨다.

아버지는 약 6개월의 공동목회 시간을, 그 무엇보다 오정현 목사의 설교를 발전시키는 시간으로 삼으려 했다. 처음에 아버지는 '당연히' 격주로 주일 강단을 서려고 생각했다.

다음은 2003년 1월 7일 교역자 회의 기록이다.

"교회 앞에는 4월쯤에 새로 부임하시는 목사님에 대해 홍보할 것입니다. 그리고 4월 말쯤 공동의회를 열어서 담임목사 청빙 절차를 밟을 것입니다. 제가 5월에는 세미나 차 미국에 가야 하기 때문입니다. 그때쯤 되면 남가주사랑의교회도 후임자를 결정할 것입니다.[6]

제가 여러분에게 드리는 부탁은, 이런 일로 교인들이 심리적으로 요동하지 않도록 항상 적극적이고 긍정적인 말을 해달라는 것입니다. 순장이나 지도자가 어떤 말을 하느냐에 따라 마음의 방향이 정해지게 됩니다. 교회가 20년간 신 나게 사역하기 위해선 이런 시간이 필요하다고 말씀해 주십시오.

여러분도 적극적으로 꿈을 가지고 뛰십시오. 저도 긍정적인 마음으로 뛰고 있습니다. 기존 교회에서 하던 모습을 탈피하여 저는 제 마음대로 교회를 드나들 것입니다. 설교하고 싶으면 한 주 설교 강단을 내놓

---

6   다 알다시피 전혀 이렇게 진행되지 않았다. 그 이유는 이 책에서 다루어야 할 범위를 넘어서기에 생략한다.

으라고도 할 것입니다. 당연히 그럴 수 있는 관계입니다. 오 목사는 그가 할 역할이 있습니다. 이런 변화를 추구하는 작업은 신 나는 작업입니다. 우리 앞에 새로운 시대가 열릴 것이라는 꿈을 가지십시오."

그러나 무엇 때문인지 몰라도 아버지는 그 생각을 접고 아예 9월부터 오정현 목사가 주일 설교를 전담하도록 했다. 어쩌면 누군가가 아버지께 이렇게 조언했을 수도 있다.

"목사님, 두 분이 번갈아가며 설교하면 설교 차이가 너무 나서 오 목사가 처음부터 힘들어집니다. 목사님께서 오 목사를 위해 강단을 다 내어주시지요."

또 어쩌면 설교의 짐을 벗고 싶은 아버지의 마음도 나름의 이유가 되었을 것이다. 하여튼 중간에 무슨 연유가 생겼는지는 알 수 없지만, 아버지는 처음의 계획을 접고 오 목사에게 주일 강단을 완전히 내어주었다. 다시 말해 2003년에는 단 한 번도 주일 강단에 서지 않으셨다.[7]

---

[7] 아버지는 오정현 목사 부임 이후 총 열다섯 번 주일 강단에 서셨다. 2008년 10월 5일, "푯대를 향해 달려갑시다"라는 제목으로 마지막 설교를 하셨다.

그 이유를 밝히지 않으신 채 아버지는 2003년 8월 24일 교역자 회의에서 다음과 같이 말했다.

"9~12월까지는 제가 강단에 서지 않을 것입니다. 9월 중하순까지도 오 목사님께서 설교하실 것입니다. 하반기에 성탄절이나 연말에 연달아 설교해야 할 경우, 일부 제가 설교할 것 같습니다. 되도록 오 목사님께서 빨리 정착하도록 하기 위해 제가 강단에 안 서려고 합니다. 내년 상반기와 중반기에 한 번씩 제가 설교할 기회가 있을지 모르겠습니다.
지금 곳곳에서 설교 및 세미나 요청을 해오고 있습니다. 주일날 몸이 허락하면 제자훈련 하는 교회 중 제가 가보고 싶은 곳에 갈 생각입니다.
이럴 때 우리가 성도들에게 어떻게 말하느냐가 굉장히 중요합니다. 사람마다 자기 입맛에 따라 음식 맛이 다 다릅니다. 한동안 과도기적인 현상을 겪어야 할 것입니다. 오 목사님 설교가 지닌 좋은 점을 충분히 이야기해 주십시오. 성도들은 교역자 말에 따라오게 되어 있습니다. 오 목사와 제 설교를 비교하여 말하지 마십시오.
사실 오 목사님 입장에서는 남가주사랑의교회에 있는 것이 더 행복할지 모릅니다. 우리 교회로 온다는 것은 대단한 각오를 필요로 합니다. 우리 교회는 결코 쉬운 교회가 아닙니다. 오 목사님이 희생을 각오하고 오시기 때문에 저 또한 제가 할 수 있는 대로 최선을 다해 도울 것입니다. 여러분도 저와 똑같은 자세를 가져 주십시오."

그리고 오 목사에게 요구하셨다. 주일 설교 원고를 미리 당신에게 가져와서 함께 원고를 검토하자고 말이다. 아버지 입장에서는 오 목사가 그 제안을 싫어할 리 없다고 생각했다. 막말로 한국 교회의 목사들 중에서 만약 옥한흠 목사가 '무료로' 설교 컨설팅을 하겠다고 하면, 그걸 거부할 사람이 있을까? 나는 지금도 만약 아버지가 '설교 세미나'를 열었으면 그건 '평신도를 깨운다 제자훈련 지도자(CAL) 세미나'보다 더 인기 있는 강좌가 되었으리라 확신한다. 그런데 그런 아버지가 일대일로 설교 컨설팅을 해주겠다고 한다. 오로지 사랑의교회 담임목사이기에 받을 수 있는 특권이었다.

그러나 아버지의 이 컨설팅은 내가 알기로 몇 번 진행되지 않았다. 그 이유는 뻔하다. 오정현 목사가 원하지 않았기 때문이다. 나는 한편으로 아버지로부터 설교 컨설팅을 받기 싫어했을 오 목사의 마음을 백분 이해한다. 그 날카로운 시각으로 원고를 검토하고 지적하는 아버지의 모습을 상상해보라. 그게 몇 번인진 정확히 모르지만, 오 목사가 아버지에게 설교 원고를 들고 갈 때마다 얼마나 힘들었을지 충분히 이해한다.

어린 시절 집에서 아버지와 함께 가정예배를 드릴 때면 내가 꼭 거쳐야 할 과정이 있었다. 항상 아버지는 성경 본문을 읽은 후 이렇게 말했다.

"성호야, 지금 읽은 본문에 대해서 설명해봐라."

내가 주절주절 나름대로 성경 본문을 설명한 후 아버지를 볼 때면, 나를 지긋이 바라보는 아버지의 얼굴에 항상 같은 표정이 있었다.

"한심하다, 한심해."

그래서 나는 가정예배가 싫었다.
오정현 목사의 설교 원고라고 아버지의 그 불꽃 같은 날카로움을 피해갈 수 있었겠는가?
친자식도 자라고 나면 부모 맘대로 되지 않는다. 하물며 오정현 목사는 사랑의교회 2대 담임목사다. 아무리 옥한흠 목사라고 해도 매주 강제로 오 목사에게 설교 원고를 들고 오라고 할 순 없는 법이다.
나는 매주 본당 구석에 앉아 오정현 목사의 설교를 듣는 아버지를 생각하면 마음이 아프다. 만일 후임 목사의 설교가 매주 꾸준히 향상되는 게 보인다면 아버지 입장에서 얼마나 흐뭇했을까? 그것이 본인의 지도 결과이든, 그렇지 않든 상관없이 말이다. 그러나 아버지가 오 목사의 설교를 매주 들으며 느꼈을 감정이 나와 크게 다르지 않을 것이라 확신한다.

나는 비록 미국에 있었지만 한 주도 빠짐없이 인터넷을 통해 오정현 목사의 설교를 들었다. 솔직히 내가 1987년 대학부 여름 수련회 때 오 목사의 설교에 대해 느꼈던 것과 사랑의교회 담임목사가 된 후의 느낌이 크게 다르지 않았다. 그러나 내가 감히 그의 설교에 대해 무슨 소리를 할 수 있으랴. 가끔 아버지와 전화 통화를 할 때면 우회적으로나마 오 목사의 설교에 대해서 한두 마디 하는 것이 내가 할 수 있는 전부였다. 사실 오 목사의 설교에 대해 가능한 언급하지 않는 것이 내가 아들로서 할 수 있는 효도이기도 했다.

다음은 내가 유일하게 오정현 목사의 설교와 관련해 그와 나눈 이메일이다. 어느 설교에서 오 목사가 예화를 통해 본받을 신앙의 선배로 언급한 사람의 문제점을 지적하고자 보낸 메일이었다.

2006. 9. 4

목사님, 안녕하세요.

여름 동안 이곳저곳 다니시면서 사역하시느라고 제대로 쉬지도 못하셨겠네요. 릭 워렌 목사님 방한부터 해서 계속 강행군이시겠어요. 제가 이런 말을 한다면 "너나 잘해"라고 아버지가 얘기하시겠지만, 건강조심하십시오.

오늘 제가 메일을 보내는 이유는 오랜만에 오늘 목사님 설교를 듣고 한참을 생각했는데, 아무래도 그냥 지나칠 수가 없어서입니다. 이런 얘기 누가 주위에서 하는 사람도 전혀 없을 테고요.

오늘 목사님께서 예로 드셨던 케네스 해긴(Kenneth E. Hagin)이라는 사람에 대해서 잘 알고 계시나요? 아마 잘 모르실 수 있다고 생각합니다. 한국에 번역된 책도 고작해야 한두 권 정도밖에 없으니까요. 이 사람의 스승인 E. W. 케년(E. W. Kenyon)과 해긴, 이 사람의 제자라고 할 수 있는 케네스 코플랜드(Kenneth Copeland), 그리고 코플랜드의 제자라고 할 수 있는 찰스 캡스(Charles Capps) 등등 지금 미국에서 이단보다 무서운 Faith Movement를 주도하는 사람들입니다. 특히 이 중에서도 해긴의 영향력은 압권이라고 할 수 있습니다.

문제는 이 사람이 목사님께서 말씀하셨던 것처럼 성령의 기름부음을 받은 사람이 아니라는 것입니다. 이 사람의 책 중의 한 권인 『How to write your own ticket with God』이라는 책을 보면, 이 사람이 예수님을 직접 만난 후 4단계 믿음 성취 비법을 전수받는 장면이 자세히 나옵니다.

그 4단계는 "Say it, Do it, Receive it, and Tell it"이라는 것인데, 한

마디로 하면 내가 입을 열어서 내가 원하는 것을 믿음으로 말하면 다 된다는 것이지요. (이 사람이 그런데 왜 죽었는지 궁금합니다. 이 사람이 절대로 안 죽고 계속 살아 있다면 저도 이 사람 말을 믿을 텐데……. 문제는 결국 다 죽는다는 것이지요. 자신들은 죽기 싫을 텐데도 불구하고 말입니다.)

한국에도 유명한 베니 힌(Benny Hinn)을 비롯해서 제가 위에서 언급한 사람들 모두가 한 가지 공통점을 갖고 있다면 다 예수님을 실제로 만났다고 주장한다는 사실입니다. 그리고 그 만남을 통해서 어떤 "특별한 계시"를 받았다고 말하고 있지요.

왜 예수님께서 이렇게 성경 말씀을 놔두고 특별히 나타나셔서 이 사람 저 사람에게 중간중간 과외를 해 주셔야 하는지 저는 모르겠습니다. 성경 말씀으로 부족해서 참고서가 필요해서 그런 것이 아니라면, 그리고 분명 성경 외에 다른 계시를 우리에게 주신 적이 없다는 말씀이 맞는다면, 그들이 만났다는 예수가 누군가에 대한 유일한 설명은 단 한 가지이겠지요.

고후 11장 4절의 말씀 또는 갈라디아서 1장의 말씀 또는 디모데후서 4장의 바울의 경고, 그리고 가장 중요한 것은 마태복음 24장의 예수님의 입에서 직접 나온 경고대로 예수님을 가장한 거짓 영, 사탄이라는 사실이겠지요.

제가 전에는 몰랐는데 신약 성경에 이토록 '미혹되지 말라'는 경고가 많은 줄 몰랐습니다. 예수라고 주장하는 거짓된 영이 악마 같은 모습을 하고 나타나면 누가 믿겠습니다. 미혹, 현혹된다는 것은 다 그것이 그럴듯하기 때문에 사람이 빠지는 것 아니겠습니까? 그들이 다 천사의 옷을 입고 나타나기 때문입니다.

목사님, 해긴은 베니 힌보다도 훨씬 더 심각하고 노골적인 메시지를 전하는 위험한 사람입니다. 이 사람에 대한 목사님의 칭찬이 사람들로 하여금 그 사람의 가르침을 진리로 생각하게 할 수 있습니다. 제가 이 사람에 대해서 아주 자세히 말씀을 드릴 수는 없지만, 이 사람에 대한 저의 주장이 신빙성이 없어 보인다면 목사님께서 비서들을 통해서 조사를 시키셔도 좋고 좀 더 확인하셔도 좋습니다.

예화 하나를 가지고 호들갑을 떠느냐고 생각할 수도 있지만, 이제 목사님의 설교는 전 세계 사람들이 듣고 있고, 또한 목사님의 말씀을 통해서 많은 사람들이 자신들 인생의 가이드로 삼고 있습니다.
목사님, 목사님께서 예배를 통해 회복을 갈망하는 사람들에게 용기와 힘을 주시기 위해서 찾은 예화라는 것은 잘 알고 있습니다. 그러나 목사님의 영적 분별에 수많은 사람들의 영혼이 달려있다는 사실이 더 중요하기에 망설이다가 메일을 보냅니다.

목사님, 건강하시고요. 사모님께도 안부 전해 주십시오.

오정현 목사는 즉시 내게 답장을 보냈다.

사랑하는 성호 형제,
날마다 우리의 짐을 져주시는 주님께서 성호 형제의 미국 생활의 많은 짐들을 벗겨주시고, 기도의 소원들을 응답해주시기를 바랍니다.
보내준 이메일 감사히 받았어요.
먼저 사랑과 관심에 감사하고 나도 이메일을 받고 깜짝 놀랐어요.
왜냐하면, 이 예화는 지난 7월에 캐나다 밴쿠버에 있는 Seed 국제선교회 선교훈련원에서 내가 믿고 신뢰할만한 선교사님들로부터 들은 내용이에요.
나도 처음 들은 사람인데 여하한 더 좀 알아보려고 합니다.
하여튼 담임목사로서 설교하기가 보통 힘든 것이 아니네요.
주님과 함께 승리하는 하루하루 되시길 바라며, 시편 68:19의 말씀으로 끝인사를 대신합니다.

"날마다 우리 짐을 지시는 주 곧 우리의 구원이신 하나님을 찬송할지로다"

사랑의교회 오정현 목사

나는 오정현 목사의 설교에 관심을 두고 오랜 시간 들어왔다. 왜냐하면 처음부터 오 목사의 설교와 관련하여 아버지의 기대를 잘 알고 있었기 때문이다.

이미 은퇴했지만 게다가 무엇보다도 설교의 짐 때문에 버거워하셨지만, 동시에 아버지가 얼마나 설교를 그리워하셨는지 나는 잘 알고 있다. 주일 강단에 대한 아버지의 그리움은 순간순간 농담 비슷하게 동료 목회자들에게 하신 말씀을 통해서도 드러났다. 언젠가 이동원 목사님은 웃으시며 내게 이런 말씀을 하셨다.

"성호 형제, 아버지가 언젠가 내게 이런 말을 하셨어. 이 목사, 내가 한 가지 충고한다면, 조기 은퇴는 하지 말라는 거야."

그 말 속에는 여러 가지 의미가 있겠지만, 그중 하나가 아버지가 느낀 주일 설교에 대한 그리움은 아니었을까 추측한다. 물론 2006년에 폐암이 발병하고, 2008년에는 암이 전이되어 사실상 설교 자체가 힘드셨지만 말이다. 그래도 좀 더 자주 아버지가 사랑의교회 강단에 선 모습을 보지 못한 것에 대해 가슴 아프게 생각한다.[8] 어쩌면 내가 몰라서 그렇지 오정현 목사는 아버지에게 주일 설교를 많이 요청했을 수 있다. 그리고 아버지는 그 요청을 스스로 거절하셨을 수 있다.

모든 것을 떠나서 목사라면 다 알 것이다. 강단에서 설교하는 것이 무엇을 의미하는지, 그리고 그것을 포기하는 것이 무엇을 의미하는지. 아버지가 처음에 계획하셨던 6개월의 공동 목회 그리고 오 목사와의 격주 주일 설교만 이뤄졌어도 나는

---

8 성도들에게 주일날 보인 마지막 모습이 2009년의 헌금 독려 영상이라는 사실이 가슴 아프다. 당시 아버지의 건강 상태를 볼 때, 이번이 성도들 앞에 설 수 있는 마지막 주일 예배라는 예감이 들었고, 내 예감은 적중했다. (물론 2009년 10월, 대각성전도집회 설교를 하셨지만 주일은 아니었다.) 그래서 나는 오 목사에게 부탁했다.
"목사님, 한국 교회 전체가 모두 존경할 수 있는 어른 한 명은 남겼으면 좋겠습니다. 아버지가 그런 어른으로 남을 수 있도록 목사님이 도와주세요. 이 동영상이 나가면 아버지는 결국 사랑의교회라는 한 교회의 목사, 건축헌금을 하라고 독려하는 개교회의 목사 밖에 안 됩니다. 이미 아버지가 영상을 찍으셨으니 제가 강제로 어떻게 할 순 없지만, 목사님이 한국 교회 전체를 위해서라도 도와주세요."
그러자 오정현 목사는 대답했다.
"이게 안 나가면 나와 아버지 사이가 벌어졌다고 생각하는 사람들이 있어서 안 된다. 그리고 무엇보다 이미 모든 장로님과 교역자, 직원이 다 알고 있어서 방송이 중단되면 불필요한 오해를 일으키기 때문에 나는 그러고 싶지만 안 된다."
그러나 위의 대답은 당연히 거짓말이었다. 내가 이 문제를 놓고 기도 부탁한 장로님이 몇 분 계시는데, 어떤 분도 사전에 동영상 관련한 사실을 알고 계셨던 분은 없었다.

사랑의교회가 오늘과는 많이 달랐을 것이라고 확신한다. 아버지는 2003년 7월 8일 교역자 회의에서 다음과 같이 말했다.

"내가 밤낮없이 오정현 목사를 위해 해줄 수 있는 것이 무엇인지, 내가 얼마나 비워야 하는지, 또한 얼마나 거리를 두어야 하는지 생각 중입니다.
오 목사가 와서 사랑의교회를 맡게 되면 주변에 끼쳐야 할 영적인 감동도 있어야 합니다. 그런 점에서 오 목사 입장이 어렵다는 것을 여러분이 알고 최선을 다해 섬기십시오. 오 목사가 이 교회에서 이질감을 느끼지 않고 신 나게 일하도록 협조해 주십시오. 3, 40년 사역하면서 저만큼 장기간 후임자 중심으로 일할 수 있도록 준비하는 것을 보았습니까? 내 교회가 아니고 주님의 교회이기 때문입니다. 나는 이 교회에서 쓰임받는다는 것 하나만으로도 감사할 뿐입니다.
옥 목사는 세계에서 하나뿐입니다. 오 목사도 세계에서 하나뿐입니다. 절대 같을 수 없습니다. 옥 목사에게 있는 장점이 오 목사에게 없을 수도 있고, 오 목사에게 있는 장점이 옥 목사에게 없을 수도 있습니다. 처음에 와서 설교 분위기가 달라지면 성숙하지 못한 교인들이 이런저런 말을 할 수 있습니다. 설교가 어떻다 하며 전임자와 비교하는 교인들이 있을 수 있습니다. 그때 우리가 한 마디라도 어떤 말을 해주느냐가 중요합니다. 희망적인 이야기를 하십시오. 다른 면에 강점이 있음을 말해 주십시오. 이런 점을 보완하면 여러분이 행복해질 수 있습니다. 교인들이 보지 못하는 면을 지적해서 말 한마디라도 잘해주십시오."

아버지가 교역자들과 나누었던 이런 생각에 조금만 여지를 두었더라면 어땠을까? 내가 말하는 '여지'란 애초에 생각했던 6개월간의 공동목회를 좀 더 적극적으로 시행해보는 것을 말한다. 그랬다면 사랑의교회를 '지금'의 사랑의교회로 바꾼 가장 큰 원인인 특별새벽기도회, 일명 '특새'는 애초에 시작되지 않았을 수 있다. 설령 특새를 시작했다 해도 우리가 아는 특새, 즉 '후집회'라는 이름으로 끝없이 반복되는 찬양에 사람의 정신을 빼놓는 그런 특새는 아니었을 것이다.

만약 그랬더라면 오정현 목사가 자신의 약점이라 할 수 있는 부족한 설교에도 비롯하고, 사랑의교회에 그토록 단단하고도 깊은 뿌리를 단숨에 내릴 수 있게 한 특새의 독버섯이 그렇게까지 광범위하게 자라진 못했을 것이다.

지금 나는 특새의 문제점들을 주로 얘기하려고 하지만, 특새가 다 잘못되었다는 것만은 아니다. 새벽에 함께 모여 찬양하고, 또 무엇보다 합심하여 기도하는 것은 신앙에 있어서 결코 빠져서는 안 될 중요한 요소이기 때문이다. 솔직히 말해 제자훈련은 지성주의로 흐를 수 있는 위험이 있다. 지성주의가 조금 더 나아가면 엘리트주의로 빠진다.

"너, 나만큼 성경공부 해봤어?"

쉽게 말하면 이런 생각을 할 수 있다는 것이다. 물론 이것이 제자훈련에만 해당하는 것은 아니다.

"너, 40일 금식기도 해봤어?"
"너, 세 시간 동안 서서 찬양해봤어?"

그 대상이 무엇이든 남들과 달리 내가 뭔가를 '더' 했다는 그 자체가, 신앙에서는 애초에 의도와 상관 없이 자신을 대단하게 여기는 위험을 제공한다. 바리새인이 2000년 전에만 있었겠는가? 그런 점에서 제자훈련이 다른 신앙 훈련보다 지성주의로 흐를 우려가 있다는 것이지, 신앙에 지성이 빠져야 옳다는 말은 아니다. 이 점을 기억할 때, 제자훈련이 단순히 머리로만 고민하는 신앙이 아닌 뜨거운 가슴을 갖도록 하는 데 특새가 유용할 수 있다.

물론 내 경우는 절대 아니다. 나는 말씀을 읽고 깨달아서 가슴이 뜨거워진 적은 있지만, 노래의 후렴구 반복을 통해 가슴이 뜨거워진 적은 없으니까. 하지만 사람이 다 같진 않다. 찬양을 부르면서, 무엇보다 함께 기도하는 가운데 성령의 역사를 느끼는 사람이 많다. 그 찬양이 사람으로 하여금 말씀 앞에 서서 자신을 보게 하는 그런 찬양이라면 말이다.

하지만 사랑의교회에서 있었던 2003년 가을 특새는 제자훈련을 보강하기보다 제자훈련의 본질 자체를 바꾸었다고 생각한다. 왜냐하면 오정현 목사라는 개인의 스타일을 백분 드러낸 이벤트가 되었기 때문이다. 게다가 40일이라는 기간을 통해서도 드러난다. 매일 새벽 본당에 들어가기 위해 집회 시작 몇 시간 전부터 줄을 서고 이렇게 40일을 보낸다면, 그것은 '일상생활'의 포기를 의미한다. 일상을 포기한 새벽기도와 찬양, 이것이 어떻게 세상으로 나아가는 제자와 양립할 수 있을까?[9]

하지만 무엇보다 특새는 오정현 목사가 가진 탁월한 생존 감각을 가장 잘 드러내는 사건이다. 수많은 사람들의 걱정들, 즉 과연 오정현 목사가 옥한흠 목사가 지키던 강단에서 사람들에게 실망을 주지 않고 버텨낼 수 있을까 하는 우려를 단숨에 날려버렸으니까. 그가 꺼내 든 이 특새라는 카드는 그의 동물적 감각 수준이 어느 정도인지를 단적으로 보여주었다. 전해

---

9 물론 그 후 특새 기간은 많이 짧아졌다.

들은 말에 의하면, 오정현 목사의 사랑의교회 부임을 오 목사의 입장에서 반대한 사람들도 있었다고 한다. 그 이유 역시 설교였다고 한다.

"오 목사, 자네가 어떻게 옥 목사님이 지키던 그 설교 강단에 겁 없이 올라가 수준 높은 사랑의교회 성도들을 상대하려고 하는가? 그건 자살행위나 다름없어."

그러나 사랑의교회 성도들은 주변에서 생각하는 것만큼 그렇게 수준이 높지 않았는지 모른다. 더 정확히 얘기하면 사람이란 누구나 다 '새로운 것'에 현혹되기 마련이다. 제자훈련으로, 말씀으로 다져진 사랑의교회 성도조차도 특새가 주는 흥분에 모두 다 제정신을 차리지 못했다. 물론 다 그런 것은 아니었다. 오히려 그 특새 때문에 오정현 목사에 대한 경계를 갖게 된 성도들도 있었다. 그런 성도들은 결국 조만간 사랑의교회를 떠날 수밖에 없는 진정 '깨어 있는' 사람들이었다.

추측하건대, 오정현 목사는 자신의 설교를 놓고 걱정하거나 비난하는 사람들을 향해 내심 '두고 봐라, 내가 뭔가를 제대로 보여주마' 하고 생각하지 않았을까?

그는 이미 남가주사랑의교회에서 찬양을 통한 흥분이 가져

다준 양적 성장을 경험했다. 따라서 이렇게 생각했을지 모른다.

'한국에 사는 사람이라고 미국 교포랑 얼마나 다르겠는가? 사랑의교회라고 다르겠는가? 누구나 다 흥분시키고 눈물 뚝뚝 흘리게 해주면 통하기 마련인걸.'

한편 사랑의교회를 담임하는 내내 아버지에게 있어서 일종의 아킬레스건은 '새벽기도'였다. 그리고 사랑의교회를 향한 비판 중 하나도, 말씀은 있으나 기도의 뜨거움이 약하다는 말이었다.[10] 기도의 뜨거움, 다른 말로 하면 '소리 지르고 울부짖는 흥분', 그것이다. 오 목사의 의도가 어떠했는지 알 길은 없지만 특새는 그동안 사랑의교회가 갖고 있던 아킬레스건, 더 정확히 말하면 옥한흠 목사의 아킬레스건을 정확하게 파고든 직격탄, 요즘 말로 하면 '돌직구'였다.

오정현 목사 입장에서도 이것은 하나의 도박이었다. 만약이 특새라는 연착륙이 실패하면 그로서도 딱히 내세울 것이 없는 상황이었다. 물론 이건 순전히 내 추측이다. 특새가 실패했

---

10 물론 이것은 사랑의교회에 대해서 전혀 모르는 말이다. 또한 뜨거움에 대한 일종의 오해에서 비롯된 신학적 무지의 소치이기도 하다.

더라도 그가 들고 나올 카드는 의외로 많았을 수 있다. 아무튼 특새는 대성공이었다.

여기서 말하는 성공이 무엇인가?

늘어난 인원수, 언론의 관심, 그리고 무엇보다 기존 사랑의교회 교인들의 뜨거운 호응이었다.[11]

또 하나 오정현 목사에게 지극히 개인적인 성과가 있었다. 남가주사랑의교회에서의 재정 문제로 예정보다 빨리 부임했던 만큼 얼마든지 기존 사랑의교회 교인들의 입방아에 오르내릴 수 있었다. 하지만 그런 여지를 아예 원천 봉쇄하는 효과를 거두었다. 게다가 들리는 말에 의하면, 재정 감사로 인해 오정현 목사를 불신하던 남가주사랑의교회 교인들마저도 특새를 인터넷으로 참여하면서 과거 오 목사와의 시절을 그리워했다고 한다.

사람이 그렇지 않은가? 지나고 나면 다 좋아 보이고 그립다. 또 시간이 지나면 과거에 이를 박박 갈던 일들조차도 아련한 향수로 느껴지기도 한다. 시간이 지나면서 또 겉으로 보이

---

11 나는 오정현 목사 자신도 이 정도의 '대성공'은 예상하지 못했을 것이라고 생각한다. 그만큼 한국 사회가, 아니 한국 교회가 모범적인 큰 교회의 모습에 목말라 했기 때문이다. 달리 말해 한국 교회 내에서는 박수칠 일이 없었다는 슬픈 자화상의 반증이기도 하다.

는 특새의 성공이 교계에서 이런저런 주목을 받으면서, 아이러니하게도 남가주사랑의교회 내에서 오정현 목사에 대한 그리움이 커지면서 '구관이 명관이다'라는 말까지 나왔다. 말 그대로 '두 마리의 토끼를 한 개의 돌로 잡는' 그 일을 오 목사는 특새를 통해 이룬 셈이다.

내가 볼 때 특새에 대해 기존 사랑의교회 교인들이 열광적으로 반응한 것은 지극히 당연한 일이었다. 1장에서 살펴본 1987년 사랑의교회 대학부 여름수련회를 기억하는가? 나름 생각 있다는 당시의 대학생들의 수준이나 사랑의교회 기존 성도들의 수준이나 다 거기서 거기니까. 다른 말로 하면 누구나 다 인간은 새로운 것이 주는 호기심 또는 자극에 대해 무력한 존재란 말이다. 나는 이 특새를 미국에서 인터넷으로 다 시청했다. 그리고 느낀 것은 정확히 1987년의 여름, 그때와 전혀 달라지지 않은 오정현 목사였다.

나는 잘 모르겠다. 아버지가 일부러 특새 기간 동안 자리를 비우기 위해 미국 집회 일정을 잡으신 건지. 아니면 아버지가 한국을 떠난 그 시점을 선택해 오정현 목사가 특새를 한 건지. 아니면 두 사람 사이에 특새와 아버지의 미국 집회 일정에 대한 어떤 조율이 있었던 건지. 결과적으로 특새 기간, 아버지가 3주 동안 한국에 없었다는 것은 분명 오정현 목사에게 심리적

으로나 물리적으로 날개를 달아주었을 것임이 틀림없다.[12]

2003년 9월 8일에서 10월 18일까지 40일간 이어졌던 첫 번째 특새에서 아버지는 네 번 설교하셨다. 그 네 번의 설교는 처음 세 번의 설교와 마지막 한 번의 설교로 나눌 수 있다. 다음 장에서 설명하겠지만, 특새를 시작할 때만 해도 아버지는 분명 특새가 주는 뜨거움에 감동하셨던 것이 틀림없다. 이는 특새 초반인 9월 15일 "믿음으로 돌을 굴립시다"라는 설교를 봐도 잘 알 수 있다.

"여러분의 얼굴을 보니까 새벽에 나와서 앉아 있는 사람들이 아니에요. 생기가 돌고 활짝 피었어요. 하나님께서 우리 교회를 위해서 준비하신 은혜가 참 크구나 하는 생각을 합니다. 들어오면서 보니까, 길에서 만나는 분이나 어느 분을 만나도 힘들어서 막 억지로 나온 사람이 하나도 없어요. 막 힘이 펄펄 솟아요. 여기 우리 장로님들, 권사님들

---

[12] 사실상 아버지는 여러 면에서 오정현 목사가 담임목사로서 교회에 뿌리내리도록, 그가 부임하기 전부터 세밀하게 신경을 썼다. 본관 2층에 있던 자신의 집무실을 미리 비우고 4층의 좁은 방으로 옮겼다. 또한 시무(운영)장로들이 오정현 목사와 제자훈련 과정을 '다시' 하도록 함으로 서로 좀 더 알고 신뢰를 키울 수 있도록 했다. 그것만이 아니었다. 아버지는 담임목사 시절, 부교역자들에게서 소위 말하는 '사역보고서'라는 것을 받은 적이 없었다. 그러나 남가주사랑의교회 부교역자들이 오 목사에게 사역보고서를 제출한다는 사실을 알고, 오 목사를 위해서 또 그와 함께 일할 부교역자들을 위해 자신에게 사역보고서를 써서 제출하도록 했다.

지금 이래서 안 되는데, 좀 쉬어야 하는데 앉아 계세요.

글쎄요. 우리 한국에서 직장생활, 또 사회생활이 얼마나 어렵다는 것을 저 친구(오정현 목사) 아직도 몰라요. 밤 아홉 시에 안심하고 잘 수 있는 집안이 몇 집, 몇 가정이나 되겠어요? 그렇죠? 그렇잖아요. 남편이 안 돌아오는데 무슨 재주로 뒤집어쓰고 잡니까?

미국 생각만 하고 앉아 있는 거야. 아직 멀었어. 그러니까 미국에 가서 살다가 한국에 와서 살면 알 사람이 없도다. 입시 준비하는 애들이 밤 한 시에도 잠을 못 자는데 엄마가 무슨 재주로 뒤집어쓰고 잡니까? 한국 생활이 얼마나 절박한지 그렇잖아요?

여러분이 그런 여러 가지 여건에도 불구하고 새벽 세 시에 일어난다, 세 시 반 네 시에 일어나 이렇게 와서 앉으시는 건, 정말로 하나님의 특별한 은혜입니다. 내 힘으로 하는 거 아니에요. 저기 얼굴 보이는 사람, 과거에 새벽기도회 할 때 얼굴도 안 내밀던 사람, 전부 다 앉아 있어요. 딱 보면 안다고. 저기 저 순장 생전 안 나오는데…….

그러니까 우리는 이 특별한 은혜에 지금 해일을 타고 막 밀려가는 것입니다. 하나님이 준비하신 은혜가 있으리라고 분명히 믿습니다. 믿고 해보세요. 해보면 하나님께서 준비하신 축복을 주실 겁니다.

오 목사님을 위해서 특별히 기도하세요. 어렵습니다. 보통 성대가 아니면 버티지를 못 해요. 하나님이 특별한 성대를 주신 것은 사실인데, 그래도 여러분이 계속 기도해주세요. 지도하던 사람이 중간에 꺾이면 안 되잖아요. 전에 제가 2주간 새벽기도 한다고 했다가 한 주도 못 하고 주저앉아 버렸듯이, 그런 일이 일어나면 안 되죠.

그러니까 특별히 기도해주시고, 다음 주에 제가 출국을 하는데, 동부 지역에서 큰 와싱톤중앙장로교회와 뉴욕에 있는 교회 집회를 맡아서 갑니다. 특별히 제자훈련하는 교회를 좀 돌아봐야 합니다. 저를 위해서도 기도해주시고, 3주 지나고 돌아오면, 40일 기도 마지막 주간이거든요. 그 주간에 하나님이 은혜 주시기를 기도합니다."

그러나 특새가 가져온 피해는 사실상 수도 없이 많다. 일일이 열거하는 것 자체로도 이 책의 한 장을 채울 수 있다. 그러나 무엇보다 특새는 하나님께 기도하고 찬양하는 그 시간을 '공연화' 시켰다는 실로 무서운 결과를 초래했다. 이게 무슨 말인가? 공연 실황을 공연장 안에 들어가서 보는 것과 밖에서 비디오로 보는 것은 천지차이다. 그렇지 않은가?

특새는 애초부터 오정현 목사라는 일종의 '연예인'이 인도하는 찬양 집회 또는 공연이나 다를 바 없었다. 따라서 마치 대중가수의 공연처럼 '어디에서' 그 시간을 보내는가가 중요한 문제였다. 즉 본당(공연장)에 들어가 특새의 흥분을 느끼는가, 아니면 본당 밖 마당에서 간접적으로 그 흥분을 맛보는가의 차이가 존재하기 시작한 것이다. 당연히 사람들은 '본당 입장'을 위해 말도 안 되는 시간에 교회에 도착해 줄을 서는 사태가 벌어진다.

누군가는 그 장면을 '은혜롭다'고 표현했지만, 내 눈에는 기괴하고 말이 안 되는 장관에 불과했다. 마치 본당에 들어가는 사람은 열심이 특심인 더 신앙 좋은 사람이라도 되는 듯 은연중 분위기를 자극했다. 서태지와 같은 유명 가수들의 공연 관람권을 사기 위해 전날부터 줄을 서는 장면이 교회 예배를 대상으로 벌어지기 시작한 것이다.

나는 오정현 목사가 미리 계산했다고는 보지 않는다. 하지만 '본당 입성'의 가치가 알게 모르게 교인들의 뇌리 속에 각인되기 시작하면서 사람들은 자연스럽게 '공간의 협소함'을 피부로 느끼게 되었다. 그리고 주일예배 때도 극장 매표소에나 있을법한 줄이 길게 이어졌다. 마치 밖에서 누군가 본다면, 너무 좁은 공간 때문에 심각한 문제가 있는 교회라도 되는 듯 느끼도록 말이다. 그리고 미리 와서 줄을 서야만 들어갈 수 있는 좁은 본당의 현실은 '건축의 필요성'으로 이어졌다. 만약 이러한 시나리오를 그가 2003년 가을 특새 때부터 생각했다면, 이 지면을 빌어 나는 그분의 감각에 깊은 경의를 표한다.[13]

---

13 물론 나중에 잠시 언급하겠지만, 오정현 목사는 사랑의교회 부임 초기부터 건축을 위해 다방면에서 건축 대상 건물 또는 땅을 조사하고 있었다.

이 외에도 특새의 폐해를 말하자면 정말로 다양한 측면에서 분석할 수 있다. 무엇보다 특새 초반, 특새를 긍정적으로 바라보았던 아버지도 미국에 계시면서 비로소 이 특새가 가져온 현실적 위험과 앞으로 가져올 더 큰 위험을 보게 된 것 같다.

아버지는 특새가 한창 진행 중이던 2003년 10월 초, 미국에서 오정현 목사에게 다음과 같은 이메일을 보내셨다.

사랑하는 오 목사,

마당에 앉아 예배 드리는 사진을 보면서 충격을 받았다.
내 기억으로는 대각성전도집회 때인지 한 번 비슷한 현상이 있었던 것 같다.[14]
이제 기도 제목을 하나 더 보태야 하겠다. "창조주 하나님, 무엇이든지 하실 수 있는 전능하신 하나님, 한반도의 기후를 캘리포니아의 기후처럼 바꾸어 주옵소서. 그래서 일 년 내내 교회 마당에서 예배하게 하옵소서. 나중에는 교회 앞 골목 골목마다 의자를 깔아 놓고 예배하는 거룩한 백성들로 가득하게 하옵소서. 주여, 겨울을 물리쳐 주시옵소서."
이상한 기도인 줄 알지만 속에서 우러나오는 것을 어쩔 수 없구나. 너

---

14 90년대 초, 고 안이숙 사모의 간증집회 때 이와 똑같이 본당에 못 들어간 사람들을 위해 마당에 의자를 놓고 집회를 한 적이 있었다.

도 비슷한 심정일 것이다.

너도나도 미리 생각하거나 계획하지 못한 일이 터지는 데는 하나님의 숨은 뜻이 있다고 믿는다. 이런 때는 정말 겸비한 자세로 하나님의 손끝을 주목해야 한다. 아직은 모르겠다. 주님께서 무엇을 위해 어디로 인도하시는 것인지 말이다. 그러나 분명한 사실은 주님께서 너를 도구로 삼으시고 사랑의교회에 안겨 주시기를 원하시는 선물 꾸러미가 많은 것 같다는 점이다.

오래 전부터 나에게는 항상 미진한 데가 있었다. 어떤 때는 그 미진함이 영적 고민으로 남기도 했다. 하나님의 은혜의 세계에는 내가 알고 있는 이상의 부요와 능력이 있는데, 나는 왜 성도들을 물가에서 물장구만 치게 하는 것일까 하는 고민 말이다. 이런 나의 고민과 은밀한 기도를 하나님이 너를 통해 응답해 주신다고 하는 생각이 많이 든다.

그래서 그런지 나는 요즈음 정말 행복하다. 기쁘다. 그리고 너에게 감사하는 마음이 가득하다. 무엇보다 아내가 새벽마다 은혜를 넘치게 받아 전보다 훨씬 밝아지고 명랑해지고 심지어 허리 아픈 것마저 잊어버리고 있는 모습을 보는 것은 정말 신 나는 일이 아닐 수 없다. 세상에서 제일 불쌍한 사람이 남편한테 평생 설교 듣고 살아야 하는 사모가 아닌가 한다. 그런데 그 불쌍한 아내가 영적으로 다시 살아나는 모습을 보니 얼마나 감사한지 모른다. 전화로 그랜드티탄국립공원 단풍 이야기를 하면서 "당신을 두고 온 것이 미안했다"고 하니 금방 이렇게 대답하더라. "대신 새벽 집회에서 은혜 받고 있는데요."

너의 15년 사역, 나의 25년 사역을 할 동안 우리를 죽지 않고 살아 남게 하신 자비로우신 주님께서 잘해주시겠지만, 인간적인 불안이 없지 않다. 매일 새벽마다 두세 시간씩 진을 빼는 일, 정말 죽으면 죽으리라는 비장한 각오가 없다면 할 수 없는 일이라고 생각한다. 내가 미련하게 일하다 당해 본 일이라 더 걱정스럽다. 네가 말하는 건강테크하고는 거리가 먼 일이 아닌가 한다. 너도 모르는 어떤 피곤이 몸 여기저기에 부담을 주고 있을지 모른다.

부탁인데 특새를 할 동안은 낮 시간을 충분히 쉬는 데 활용하고 다른 일들을 벌이지 말았으면 한다. 내가 보기에 네가 좀 흥분해 있는 것 같다. 20년 중 이제 겨우 한 달을 일했다는 사실을 잊지 마라. 낮에 일들을 자꾸 벌이는 것은 너를 위해서나, 부교역자들을 위해서나 절대 지혜가 아니라고 본다. 축구대회 같은 것 말이다.[15] 내가 보기에는 오기를 부리는 것 같다.

---

15 오정현 목사는 온누리교회에서 제안한 교역자 친선 축구 시합과 관련해 아버지께 메일을 보냈다. 하지만 아버지의 이런 우려와 상관없이 축구대회(연습)는 특새 기간 중 세 번에 걸쳐 치러졌다. 젊은 사람들이 운동 좀 하겠다는데 그게 크게 잘못되었다곤 생각지 않는다. 하지만 단순히 운동하고 안 하고를 떠나 이 사건은 앞으로 사랑의교회가 결국 어떤 형태로 가게 될 것인지를 암시하고 있다는 점에서 나름의 의미를 갖는다.

그리고 한 가지 더 말하고 싶은 것이 있다. 어떤 자극이든지 그 자극은 점점 더 크고 강한 자극을 요구한다. 만일 이전보다 자극이 약하면 반응 지수는 자연적으로 떨어진다. 이것은 영적인 세계에도 통하는 법칙임을 나는 여러 번 체험했다. 우리가 자주 말하는 사역의 균형을 심각하게 고려해야 할 때가 되었다고 생각한다. 우리는 은혜의 맛을 본 성도들의 어린애 같은 요구를 일 년 내내 들어 줄 수 없다는 사실을 잊어서는 안 된다. 뜨거울 때도 있고, 차가울 때도 있고, 기쁠 때도 있고, 슬플 때도 있는 것이 은혜의 세계라는 것을 점잖게 가르쳐 주어야 한다. 아직은 이르다. 특새가 끝나면 그 점을 고려해 보라는 말이다. 특새 후에도 무엇인가 비슷한 분위기를 유지하기 위해 고민할 필요는 없다고 본다. 주먹을 꽉 쥐고 있었다면 잠깐 풀어 주는 시간도 있어야 한다. 특히 너에게 필요하다.

나는 오늘 저녁부터 집회를 시작한다. 노창수 목사와 깊은 대화를 나누었다. (중략) 하나님이 자기를 보내신 목적이 평신도를 훈련시켜 새로운 세기에 걸맞는 이민 교회를 세우는 것이라는 말도 했다. 이런 말을 들으니 나의 어깨가 더 무거워진다. 성령께서 나를 강권적으로 사로잡으시고 그분이 하고 싶은 말씀만 하도록 붙드시기를 기도하고 있다. 새벽 시간에 특별히 기도해 주기 바란다.

우리는 주 안에서 주 은혜로 여러 가지 복을 많이 받은 목회자인 것 같다. 가슴이 뭉클해질 때에는 정말 할 말이 없구나. 우리를 통해 주님이 영광 받으시기를 소원하자. 오직 그분만이 영광을 받으시기를. 샬롬.

이미 그때 아버지는 특새의 본질을 파악하고 계셨다. 2003년 가을 특새에서는 그 실체를 감추고 있지만, 언젠가는 드러낼 특새의 발톱을 느끼고 계셨다. 하지만 아버지는 스스로 눈을 감고 싶었을 것이다. 부정하고 싶었을 것이다. 특새 덕에 아프던 허리까지 좋아진 어머니를 생각하며 특새의 어둠을 외면하고 싶었을 것이다. 비록 위의 메일에서 아버지는 정중하지만 특새의 핵심이자 본질인 '자극'의 위험에 대해 오 목사에게 분명히 경고하고 있음을 알 수 있다. 말 그대로 오 목사를 사랑하기에 스승만이 할 수 있는 말을 한 것이다.

특새의 막바지인 10월 17일, 아버지는 강단에 서셨다. 나는 미국에서 인터넷 생중계를 통해 특새에 참석했는데, 그날 아버지의 첫 마디를 생생하게 기억한다.

"다들 미쳤어요, 미쳤어……."

그 말에 모든 교인들은 까르르 웃음을 터뜨렸다. 그냥 보기에는 말 그대로 '화기애애'한 장면이었다. 그러나 나는 아버지가 말한 '미쳤어요'라는 말에서 그분의 불안을 읽을 수 있었다. 아버지 당신조차도 이제는 어떻게 할 수 없을 것 같은 불안이라고 할까? 이제 사랑의교회는 옥한흠 목사조차도 손 쓸 수 없는 미친 폭주 기관차처럼 '새로운 방향'을 향해 달리기 시작했다. 그리고 이를 직감한 듯한 아버지의 불안을 나는 멀리 미국에서 느낄 수 있었다.[16]

나는 단언한다. 그 특새 이후 사랑의교회는 더 이상 말씀이 필요한 교회가 아니라고 말이다. 겉으로는 '제자훈련'을 떠들어도 실상은 '더 큰 자극'만을 추구하는 군중들의 집단으로 점점 더 변해갔다.

더 자극적인 자극…….

오정현 목사는 2003년 10월 17일 교역자 회의에서 이제 예배 시간에 주기도문송 대신 '창조의 아버지'를 부르겠다고 말했다. 또한 같은 해 10월 28일 회의에서는 교역자가 자신이 맡은 부서에서 찬양하려면 적어도 한 찬양을 500번 이상은 부르면서 연습하라고 당부했다. 사랑의교회는 이제 '주기도문'과

---

16 사랑의교회는 이미 오래 전에 지신밟기와 다름없는 땅밟기도, 또 땅 위에 수백 개의 십자가를 꽂는 것도 전혀 이상하지 않는 교회가 되었다. 새벽에 모여 방언 받기 연습을 해도 그게 뭐가 문제인지 모르는 정체불명의 교회가 되었다.

같은 찬양이 울려 퍼지는 교회가 아니었다. 그 대신 출처 불명의 '창조의 하나님'이 중간중간 요란한 꾸밈음과 함께 사람들의 감성을 자극하는 새로운 교회가 되었다. 이제 사랑의교회 교역자 회의의 가장 중요한 주제 중 하나는 어떻게 해야 사람들 앞에서 찬양을 잘 인도할지가 되었다.

교역자 회의에서 아버지는 항상 말씀을 강조하고 한 영혼에 대한 관심을 강조했다. 그러나 이제는 말씀이 아닌 효율과 효과를 강조하는 곳이 되었다. 다른 말로 하면 어떻게 인위적으로 감동과 흥분을 일으킬 수 있을지를 고민하는 곳이 되었다. 그 결과 그 함정을 보고 못 견디면 떠나고, 아니면 자기도 모르게 물들어 그 속에서 뭐가 잘못인지도 모른 채 사역하는 곳이 되었다. 그리고 거기에 가장 적합한 사람들로 사랑의교회는 새롭게 채워져 갔다. 특새로 시작되고 특새로 진행되어, 결국 특새가 완성한 새로운 사랑의교회 모습이 탄생되었다. 본질적 변화는 사실상 교역자 회의에서 이미 시작되었다.

마지막으로 특새와 관련해 하나 덧붙일 사실이 있다.

특새는 물리적으로도 사랑의교회를 과거와 전혀 다른 교회로 바꾸었다는 사실이다. 앞서 말했듯이 특새를 기점으로 사랑의교회 교인들은 비약적으로 늘어났다. 한국 교회의 수준에서 볼 때, 늘어나는 교인들의 숫자보다 담임목사에게 힘을 실어주는 것은 없다. 성장은 축복이고 성장은 정답이다. 사람 수가 늘어나면 모든 것이 이해되고 용서되며 말이 된다. 이게 딱 한국교회의 수준이다. 따라서 특새를 기점으로 한 사랑의교회의 수적 증대는 그동안 오정현 목사에 대해 반신반의하던 사람들, 특히 과거 그의 부임을 반대하던 목사들에게 오 목사의 부임이야말로 '하나님의 뜻'이라는 확신을 하게 하는 가장 큰 계기가 되었다.[17]

그러나 특새를 통해 늘어난 교인들은 말 그대로 '수평 이동'한 교인들이었다. 이에 대해 사랑의교회가 얼마나 정확하게 조사했는지, 그리고 그 분석 결과가 어떠했는지는 모른다. 하지만 당시 사랑의교회의 핵심 교역자 한 명은 내게 이렇게 말했다.

"옥 집사, 특새 때 늘어난 교인들은 대부분 순복음교회에서 온 사람들이고, 또 일부가 충현교회에서 유입된 사람들이지. 순복음교회 내에서 다양한 이유로 교회를 옮기려 하는 사람들 중 상당수가 사랑의교회로 갈까를 생각했지만, 과거 옥 목사님 때는 예배 분위기가 자신들과 맞지 않아 옮기질 않았어. 그런데 오 목사가 온 후 사랑의교회는 거의 분

---

[17] 그리고 내가 볼 때 이 특새의 위험을 감지하고 경고했어야 할 몇몇 교회들마저도 똑같이 '특새'라는 이름으로 집회를 여는 데 여념이 없었다. 슬프고 안타까운 일이 아닐 수 없다.

위기가 순복음화되면서 기존의 사랑의교회에 대해 가지고 있던 거부감이 완전히 사라진 거야. 대내외적으로 깨끗하기로 소문난 사랑의교회가 자신들이 원하는 순복음적인 '뜨거움'까지 갖고 있으니 얼마나 좋았겠어. 아무튼 그때 순복음교회에서 상당수의 교인들이 사랑의교회로 수평 이동했지."

이 말은 달리 말하면 사랑의교회를 구성하는 교인들의 '체질' 자체가 오정현 목사의 부임을 전후로 상당히 달라졌다는 말이다. 물론 기존 교인들 중에서 체질이 변한 사람도 있을 것이다. 하지만 아버지 시절이라면 애초에 사랑의교회에 발을 들여놓을 생각 자체를 하지 않았을, 곧 기존 사랑의교회 교인들과 전혀 다른 체질을 가진 사람들이 사랑의교회에 대거 유입된 것이다. 그리고 그날로부터 내가 글을 쓰는 이 시점까지 10년의 세월이 흘렀다.

지금 사랑의교회는 2013년을 마무리하는 이 시점까지도 어렵고 혹독한 시간을 보내고 있다. 여전히 오정현 목사를 지지하는 사람들과 그를 반대하는 사람들로 양분되어 대립하고 있다. 오 목사를 사이에 두고 대립하는 이 두 집단을 보면 생각의 차이가 너무도 다르다. 마치 이 두 집단을, 오 목사의 부임 전부터 사랑의교회를 다니던 교인들과 오 목사 이후의 수평 이동

한 교인들로 나눌 수 있지 않을까 하는 의구심이 들 정도로 말이다. 물론 특새 이후 사랑의교회에 뿌리를 내린 사람들 가운데 지금 오 목사를 반대하는 교인들도 많을 것이다. 또한 사랑의교회 초창기부터 옥한흠 목사와 함께한 분들 가운데 지금 오 목사를 위해 애쓰는 분도 많을 것이다.

하지만 그 구성 비율과 관계없이 나는 다음 사실만은 확신한다.

현재 사랑의교회 안에서 일어나는 어려움의 근원은 2003년 가을 특새에서부터 찾아야 한다는 것과 사랑의교회는 2003년 가을 이후 신학적으로 '정체 불명'의 교회, 아니 좀 더 구체적으로 말하면 장로교에 속한 순복음교회가 되었다는 사실 말이다.

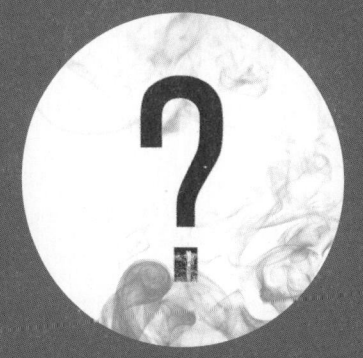

WHY?

하지만 오정현 목사는 사실상 자신을 지키는 사람이 옥한흠 목사였다는 사실을 알고 있었을까? 아니면 어느 정도는 알았지만 자신의 사역에 계속 발목을 거는 사람으로 여기진 않았을까? 아마도 두 가지의 마음이 다 공존했을 것이다. 상황에 따라 자신에게 방패와 힘이 되는 아버지에게 항상 감사하지만, 한편으로 100퍼센트 자기 맘대로 못 하는 것에 대해 답답함을 가졌을 것이다. 당연하다.

04
마지막 노력들

WHY?

　대내외적으로 폭발적인 관심을 이끌어낸 특새가 끝나고, 2004년 1월 14일 마침내 오정현 목사는 사랑의교회 위임목사로 취임했다. 사실상 이미 사랑의교회 담임목사로서의 모든 권한을 행사하던 오정현 목사에게 이날은 단지 하나의 행사에 지나지 않았을지 모른다. 나는 감사하게도 그 일정에 맞춰 한국 출장을 오게 되어 위임예배에 참석했다.

　예배 전, 소박한 새 집무실에서 만난 아버지는 나름의 기대와 아쉬움을 함께 표현했다. 무엇보다 아버지는 지금까지 당신이 제대로 돕지 못하고, 또 방문하지 못했던 제자훈련 하는 작은 지역 교회들을 찾아다닐 꿈에 부풀어 있었다. 무엇보다도 지금껏 사랑의교회라는 한 공간에 매여있던 데서, 이제는 국제

제자훈련원을 통해 좀 더 폭넓게 한국 교회를 섬길 수 있어 기대에 부풀어 있었다.

이제 아버지는 사랑의교회 원로목사이자 국제제자훈련원 원장으로서 새로운 상황을 맞이하게 되셨다. 그런데 국제제자훈련원 원장이라는 이 직책과 관련해 아버지의 성격을 잘 보여 주는 하나의 일화가 있다.

오정현 목사의 위임예배가 있기 얼마 전, 아버지는 갑자기 이런 생각을 하셨다.

'모든 것을 다 오 목사에게 물려주는데, 내가 굳이 국제제자훈련원 원장이라는 직함을 갖고 있을 필요가 있을까? 훈련원 원장 자리도 오 목사에게 주는 것이 좋지 않을까? 이왕에 다 훌훌 터는 거라면 조금이라도 내 손에 쥘 필요가 없지 않나.'

아버지의 특징 중 하나가 무슨 생각이 들면 즉각 행동에 옮기는 것이다. 아버지는 그날 당장 오 목사에게 전화했다. 그리고 말씀하셨다.

"오 목사, 국제제자훈련원 원장도 오 목사가 맡는 게 좋겠어."

아버지의 말에 오정현 목사는 흔쾌히 그 자리에서 대답했다고 한다.

"네, 목사님 알겠습니다. 시키는 대로 하겠습니다."

그런데 문제는 그 후에 발생했다. 어머니의 말에 따르면, 그 전화 이후 아버지의 마음이 너무도 편치 않았다는 것이다. 마치 자신의 몸에서 모든 수분이 다 빠져나가 버린 것 같은 허탈감에 밤새 괴로워하셨다고 한다. 그 모습을 보다 못한 어머니가 아버지께 말씀하셨다.

"다시 오 목사에게 전화하시면 되잖아요."

이 글을 읽는 사람들 중 옥한흠 목사를 조금이라도 개인적으로 아는 사람이라면, 그 상황이 눈앞에 생생하게 그려질 것이다. 아버지는 두 가지 마음에서 허탈해하셨다. 첫째는 정말로 아무것도 없이 다 주어버렸기 때문이었다. 사실 아무것도 아닌 것 같아도 타이틀은 사람에게 너무나 중요하다. 사회생활을 1년이라도 해본 사람이라면 내 말을 충분히 이해할 것이다. 오죽하면 자리가 사람을 만든다는 말이 있지 않은가?

"에이, 옥한흠 목사님에게 타이틀이 뭐가 중요해?"

모르는 소리다.

아버지가 허탈해했던 두 번째는 그래도 형식적으로나마 오정현 목사가 아버지의 제안을 사양하지 않은 데 대한 섭섭함이 있었다. 물론 아버지는 오 목사의 마음을 '테스트'하려고 그러한 제안을 한 것이 전혀 아니었다. 아버지는 정말로 '진심'이었다. 단지 그 이후 자신의 마음이 어떨지는 전혀 예상하지 못했을 뿐이다. 오정현 목사 입장에서도 황당할 수 있다. 원로목사님이 하라고 해서 순종했을 뿐인데 섭섭하다니. 결국 아버지는 그 다음 날 오 목사에게 다시 전화하셨다고 한다.

"오 목사, 내 마음이 도저히 편치가 않구나. 내가 훈련원 원장은 맡는 게 좋겠다."
"그럼요. 목사님, 당연히 그러셔야죠. 목사님이 원장은 계속 하셔야죠. 저는 담임목사 하나만으로도 벅찹니다."

그런 우여곡절도 아닌 우여곡절 후, 1월 14일 위임예배에 참석하여 아버지와 아들로서 만감이 교차함을 느꼈다. 모두가 기억하겠지만 예배는 참으로 감격스러웠다.

그리고 그날 저녁 아버지 집에서 조촐한 식사 자리가 마련되었다. 부모님, 오정현 목사 부부, 그리고 마침 한국에 있었던 우리 가족이 윤난영 사모가 준비한 음식을 앞에 놓고 저녁 식사를 했다.

나는 그 자리에서 오 목사에게 말했다.

"목사님, 제가 목사님 위임 선물을 하나 할까요? 다른 게 아니고요, 제 친구 중 음향과 관련해 아주 탁월한 사람이 있어요. 목사님이 찬양 좋아하시고, 또 찬양 사역에 음향이 중요하니까 그 친구가 목사님께 큰 도움이 될 거에요."

나는 내 친구의 명함[18]을 오 목사께 주었다. 오 목사는 그 친구의 명함을 받으며 조만간 그에게 연락하겠다고 말했다. 정말로 오 목사는 그 친구에게 연락했고, 그 후 두 사람은 자주 만났다. 내 친구의 말에 의하면 둘은 함께 등산도 다녔다고 한다. 그리고 그 친구는 특새 콘서트 CD 작업에도 관여했다. 한 1, 2년이 지났을까? 나는 한국에 출장 나온 김에 오랜만에 그 친구와 만나 함께 저녁 식사를 했다.

---

18 이 친구는 몇 년 후 한국인 최초로 그래미 음향상을 수상했다.

"어떻게 잘 지내냐? 오 목사님하고는 자주 만나?"
"성호야, 나 교회 옮겼어."

나는 깜짝 놀랐다. 그리고 그 이유를 묻자, 그 친구는 간단히 내게 설명했다.

"내 신앙을 내가 지켜야지 누가 대신 지켜주겠냐?"

2004년 1월 14일 오정현 목사의 위임예배 때 들었던 오 목사의 답사를 최근 들어 다시 보니, 그때와 달리 내 눈을 사로잡는 몇 개의 구절들이 있다.

"대학 시절부터 제 마음속에 자리 잡고 있었던 것은 '하나님이 신실하시기 때문에 하나님을 믿고 따르는 제 삶도 시시하지 않을 것'이라는 믿음 하나였습니다……사랑의교회가 아름다운 세대계승을 통해 한국 교회에 감동을 끼치며 이 사회 앞에 도덕적 주도권을 회복하기를 원합니다……그러나 많은 사역들 가운데서도 제가 할 수 있는 일들과 할 수 없는 사역을 구분해서 목자의 심정으로 목회의 본질에 충실한 사역자가 되겠습니다."

지금 읽으면 참으로 만감이 교차할 수 밖에 없는 말들이다.

도대체 오정현 목사에게 '시시하지 않게 사는 인생'은 어떤 것이었을지 나는 궁금하다.

오정현 목사는 막 부임한 2003년 12월 2일 교역자 회의에서 다음과 같이 말했다.

> "교구 사역을 하면서 오피니언 그룹을 잘 잡아주십시오. 대신 저는 한국 사회의 오피니언 그룹을 잡겠습니다. 오피니언 그룹은 언론계, 방송계, 지성계에 있는 사람들을 말합니다. 한국 사회 기독교가 새로운 이미지로 드러날 수 있도록 신경 써 주십시오."

이게 무슨 말인가? 사랑의교회 부임 시작부터 자신은 교회 안의 일이 아닌 교회 밖의 일에 신경을 쓰겠다는 말 이상도 이하도 아니다. 아버지가 혹시 이 말을 들으셨을까? 그 자리에 참석했던 교역자 중 단 한 명만이라도 이 말 속에 숨은 무서운 함정을 파악하여 아버지와 의논한 사람이 있었을까?

2008년 6월 1일, 아버지가 오 목사에게 보낸 편지에는 왜 권력과 밀착하려고 하는지 묻고 있다. 오 목사는 처음부터 그랬다. 단지 아버지는 몰랐을 뿐이다. 사랑의교회에 부임하면서 천명한, '시시하지 않은 인생을 살겠다'는 약속을 그는 자신에게 지키고 있을 뿐이었다.

오정현 목사가 부임한 직후부터 아버지는 예상보다 심각한 상황을 맞게 된다. 다름 아니라 성도들이 신음하며 사랑의교회를 떠나가는 것이었다. 자신의 모든 것을 바쳐 양육하고 사랑했던 성도들이 평생 일구어놓은 교회를 울면서 떠나가고 있었다. 그 모습에 어느 목회자가 고통받지 않을 수 있으랴. 그들이 사랑의교회를 떠난 이유는 겉으로는 다양할 수 있지만 그 본질은 하나였다. 그들은 아버지께 전화하거나 국제제자훈련원으로 직접 찾아왔다.

평생 사랑하던 교회를 떠나가며 마지막으로 인사하는 그들을 보면서도 아버지는 결코 오 목사에 대해 비판적인 얘기를 한 적이 없다고, 당시 비서였던 박정은 자매는 내게 말했다. 오 목사 때문에 교회를 떠나는 사람들이 그에 대한 비판을 쏟아내도, 아버지는 오 목사를 변호했고 좀 더 그를 믿고 기다려 달라고 호소했다.

아버지에게 있어서 오정현 목사는 자기 자신이었다.

아버지는 이 둘의 공동운명체에 대해 '한배를 탔다'는 말로 자주 표현했다.[19] 달리 말해 오정현 목사가 침몰하면 옥한흠 목

---

19 2008년 6월 1일, 아버지가 오정현 목사에게 보낸 메일의 제목이 바로 이 점을 상기시킨다.

사도 침몰하는 것이었다. 그리고 이 두 사람이 함께 탄 그 '한 배'는 바로 사랑의교회였다. 따라서 교회를 위해 아버지는 자신을 죽여서라도 오 목사를 지켜야 했고, 엄밀히 말해 그것은 자신이 사는 길이었다. 아버지에게는 그랬다. 무엇보다 2003년 '성공적 사역계승'이라는 이름으로 불어닥친 언론의 과도한 칭송도 아버지에게는 말할 수 없는 부담이 되었을 것이다. 아버지는 분명 예상했을 것이다. 혹여 자신과 오 목사 사이에 분열이 생기는 순간, 그것이 일으킬 파장 말이다. 자식에게 교회를 물려주는 목사들이 뭐라고 말하겠는가?

"봐, 성공적 사역 계승이 뭔지 이제 알겠지? 자식한테 물려주는 거라니까. 교회가 안 싸우고 평안한 것보다 더 하나님께 영광 돌리는 게 어디 있어? 우리가 뭐 좋아서 자식한테 교회를 물려주는 줄 알아? 다 교회를 위해서, 다 하나님의 영광을 위해 희생하는 거라고. 머리 큰 자식 놈 다루기가 얼마나 어려운데. 아무것도 모르는 사람들이 세습이니 뭐니 하고 떠들지 알 사람들은 다 알아. 세습이야말로 교회를 살리는 길인 것을."

아버지는 결코 이런 사람들의 입방아에 오르내리는 사람이 될 수 없었다. 그는 한국 교회를 하나로 만들기 위해 한국기독교목회자협의회(이하 한목협)를 설립한 사람이고, 한국교회갱신을위한목회자협의회(이하 교갱협)를 시작한 사람이다. 어찌 그런 그가 자신이 밀어붙여 데려온 후임과 갈등하는 모습을 보일 수 있겠는가? 아버지에게는 상상도 할 수 없는 일이었다.

아버지는 오정현 목사가 부임한 후에도 성도들의 유동은 없을 것이라고 순진하게 생각한 사람이 전혀 아니었다. 당연히 어느 정도의 숫자는, 상황에 따라 상당수의 성도가 교회를 떠날 수 있다는 점도 아셨다.

2003년 4월 22일 교역자 회의에서 아버지는 다음과 같이 말했다.

"제가 있기 때문에 교회에 다닌 분들도 있을 것입니다. 그래서 제가 은퇴하면 가까운 교회로 가려는 교인도 있을 것입니다. 약간의 이동이 올해와 내년 초까지 이어질 것입니다. 꼭 가겠다는 사람을 붙들 생각은 없습니다. 오 목사님이 오시면 새로운 청중이 창출될 것입니다. 그분에게 맞는 청중이 생기려면 2, 3년은 걸릴 것입니다. 그동안 약간의 변화들이 있을 수 있습니다. 과연 사랑의교회에서 몇 퍼센트의 사람들이 이동할지가 의문입니다."

문제는 그들이 떠나는 '이유'였다. 그들은 아버지가 전혀 생각지 못한 이유로 떠나갔다. 마지막 장에서 자세히 얘기하겠지만, 아버지는 오정현 목사를 자신과 본질이 같은 사람으로 믿었다. 단지 스타일의 차이만 있을 뿐, 그러한 차이는 앞으로 사랑의교회에 더 큰 시너지로 작용할 것이라고 믿었다. 그래서 사람에 따라 오 목사의 '스타일'에 적응하지 못하는 사람은 떠날 수도 있다고 예상했다.

그러나 그들이 떠나는 이유는 스타일의 차이가 아니었다. 그들이 떠나는 이유는 아버지도 차마 보지 못한 '본질의 차이'를 느꼈기 때문이었다. 그 차이 때문에 떠나려는 사람들을 아버지는 붙잡기 위해 노력했다. 본질이 다르다고 보는 그들의 오해를 풀어주려고 애썼다.

그 외에도 지난 10년간 오 목사가 사역하는 내내, 어쩔 수 없이 교회를 다니긴 하나 그 속에서 너무도 고통받는 사람들이 많았다. 내가 잘 아는 한 안수집사는 얼마 전 이런 말을 했다.

"옥 집사, 한번은 내가 아버지께 이렇게 말했어. 어떻게 목사님은 오정현 목사를 데려오실 수가 있었냐고. 내가 목사님께 해서는 안 될 말을 마구 했지. 옥 목사님은 오 목사님의 장점들을 설명하셨어. 그런데 말이야, 내가 예배에서 전혀 은혜를 받을 수 없음에도 불구하고 이 본당 구석 어딘가에 옥 목사님이 앉아계실 생각을 하면 이 교회를 도저히 떠날 수가 없더라고. 수도 없이 떠나려고 했지만, 옥 목사님 생각에 못 떠나겠더라고. 그러다가 옥 목사님이 소천하시고 나서 비로소 다른 작은 교회로 옮겼어."

본질의 차이를 느끼는 사람들에게 있어서 떠나는 이유는 여러 가지가 있을 수 있다. 하지만 가장 중요한 것은 예배에서, 말씀에서 은혜를 받을 수 없었다는 점이다. 말씀에서 은혜를 받을 수 없는 이유 역시 여러 가지가 있다. 하지만 설교를 유창하게 잘하고 못하고를 떠나서 '시시하게 살고 싶지 않은' 오정현 목사라는 한 사람이 주는 본질이, 성도의 가슴 속에 그가 전하는 말씀이 자리 잡지 못하도록 했다고 생각한다.

그리고 그것은 지금까지 옥한흠 목사에게서는 도저히 찾을 수 없었던 전혀 다른 목회자의 모습이었다. 한 영혼을 위해 죽어야 한다는 생각을 하는 목사와 유명한 사람들과 어울려 이 세상을 시시하게 살지 않겠다는 사람과의 차이를 상상할 수 있겠는가?

하지만 떠나가는 사람들이 그 무슨 말을 해도, 온몸을 다해 오 목사를 지켜야 할 사람은 아버지였다. 모두가 본질이 다르다고 말해도, 우리는 본질이 같고 그래서 한배를 타고 갈 수 있다고 항변해야 하는 사람은 아버지였다. 아버지에게는 차마 상상도 할 수 없을 만큼 큰 '동일한 본질의 부담감'이야말로 오정현 목사에게는 가장 큰 '보호막'이었다.

물론 원로목사를 모시는 젊은 목사의 부담감이 얼마나 클지 나는 상상도 할 수 없다.[20] 게다가 오정현 목사가 말을 안 해서 그렇지, 예배당 어딘가에 앉아 매주 자신의 설교를 듣고 있을 옥한흠 목사를 생각하면 그 맘이야 또 오죽했겠는가?

하지만 오정현 목사는 사실상 자신을 지키는 사람이 옥한흠 목사였다는 사실을 알고 있었을까? 아니면 어느 정도는 알았지만 자신의 사역에 계속 발목을 거는 사람으로 여기진 않았을까? 아마도 두 가지의 마음이 다 공존했을 것이다. 상황에 따라 자신에게 방패와 힘이 되는 아버지에게 항상 감사하지만, 한편으론 100퍼센트 자기 맘대로 못 하는 것에 대해 답답함을 가졌을 것이다. 당연하다. 그는 남가주사랑의교회를 자신이 개척했고, 어쩌면 단 한 번도 절대적 권위를 지닌 담임목사 체제에서 '제대로'[21] 부교역자 시절을 보낸 적은 없었을 테니 말이다.

사실 오정현 목사가 힘들었을 이유는 여러 가지가 있다. 내

---

[20] 그래서 그는 아버지의 하관예배 후, 그동안 자신의 사역에 있어서 50퍼센트의 에너지를 원로목사님에게 쏟았다는 불평 아닌 불평을 말했는지도 모르겠다.

[21] 물론 짧은 기간이지만, 오정현 목사에게도 남가주사랑의교회 개척 이전 부교역자 시절이 있었다.

가 아버지의 아들이라서 안다. 아버지는 다 맡기고 다 주시지만 결코 쉬운 사람이 아니다. 그분의 날카로움은 때로 그 눈을 똑바로 쳐다보기 어려울 만큼 매섭다. 사람을 호되게 야단칠 때에는 너무 무서워 도무지 변명 하나 생각나지 않을 정도로 논리적으로 몰아붙이는 분이 아버지다.[22]

오정현 목사가 왜 그걸 모르겠는가? 아마 그도 아버지에게 여러 번 꾸지람을 들었을 것이다. 비록 다른 모든 사람에게는 오 목사를 두둔하고 변명했어도, 정작 오 목사라는 그 당사자에게는 그러지 않았을 것이다.[23] 아버지가 오 목사를 아들로 생각했다면 분명 그랬을 것이다. 왜냐하면 아버지는 내게 그랬었기 때문이다.

나는 아버지로부터 다음의 얘기를 직접 듣고 정말로 오정현 목사에 대해 가슴 아픈 적이 한 번 있었다. 무엇보다 오 목사의 설교에 관심을 가졌던 아버지는 그에게 이렇게도 말했다고 한다.

"이찬수 목사 설교 좀 들어봐. 보고 좀 배워."

---

22 물론 그런 호된 꾸지람 뒤에는 주로 더 달콤한 과실이 따라오곤 했다. 아버지처럼 강한 듯하지만 사실 마음 약한 사람의 특징 중 하나다. 나는 그런 사람이 되지 않으려 애쓴다.

23 무엇보다 아버지의 건강상 그 기간이 길진 않았다.

난 아버지께 말했다. 그건 정말 아니라고. 왜 그렇게 얘기하셨느냐고. 내가 이 얘기를 들었을 때, 나는 오래전 아버지에게 '당했던' 한 일화가 생각났다.

중학교 때였다. 방에서 숙제하고 있는데, 웬일인지 아버지가 일찍 들어오셨다. 나는 현관에 나가 인사를 했다. 그러자 아버지는 내게 호통을 치셨다.

"야, 너는 집중이란 걸 할 줄 모르냐? 집중해서 공부를 하는 놈이 현관문 소리가 들려? 좀 전에 어떤 집사님 집에 심방을 갔다 왔는데, 그 집 애는 목사님이 왔는데도 방에서 나오지 않고 공부를 하더라. 공부하려면 그렇게 해야지. 너는 도대체 기본자세가 안 됐어."

나는 한마디로 황당했다.

오히려 손님이 왔는데도 인사 안 하는 애를 예의 없다고 혼내야 하는 게 아닌가? 문 앞에서 아버지에게 안녕히 오셨냐고 인사 한 번 했는데 그걸로, 그것도 말도 안 되는 이유로 이렇게 혼이 나야 하나? 다른 건 몰라도 누구 누군가를 교훈할 때, 다른 사람과 '비교'해선 안 된다. 그건 역효과를 부를 뿐이다. 나는 그날 얼굴도 이름도 모르는 어떤 아이와 비교당하면서 마구 깨졌다.

나는 아버지가 이찬수 목사 얘기를 오정현 목사에게 한 것도 똑같은 실수라고 생각한다. 오 목사 입장에서 후배인 이찬수 목사의 설교가 듣고 싶겠는가? 아니, 이찬수라는 이름도 듣기 싫어졌을 것이다.

다시 하던 얘기로 돌아가자.

나는 오정현 목사가 가장 좋아하는 단어가 단연 '네트워크'[24]와 '글로벌', 이 두 단어라고 생각한다. 글로벌은 특히나 사랑의교회 부임 후 자주 쓴 단어다. 국제제자훈련원도 원래 이름은 제자훈련원이었다. 그런데 그 앞에 '국제'라는 단어를 넣자고 제안한 사람이 오정현 목사다. 그리고 그의 사랑의교회 위임 인사에도 글로벌은 빠지지 않고 나오며, 언제부터인지 제자훈련은 '제자훈련의 국제화(글로벌)'라는 말로 둔갑한 채 떠돌아다녔다. 결국 오 목사가 가장 사랑한 단어는 '글로벌 네트워크'라고 결론지을 수도 있겠다.

무엇보다 나는 '오정현 목사가 자신을 항상 변호하고 지켜줘야 할 숙명을 지닌 아버지를 방패가 아닌 오히려 걸림돌로 인식하진 않았을까?' 하는 의구심을 지울 수 없다. 그 몇 가지

---

24 그는 남가주사랑의교회 시절, 「월간목회」라는 잡지에 '네트워크'라는 단어가 들어가는 기고문을 열 번 가까이 썼다.

이유 중 하나만 소개하겠다.

2006년 여름, 폐암 수술 후 극도의 긴장 속에서 그나마 아버지의 몸은 조금씩 회복되고 있었다. 병원에서 폐암이 말끔하게 제거되었다는 판정을 받았기에, 더는 암에 대해 고민하지 않아도 되겠다는 생각을 아버지도 또 어머니도 조금씩은 하지 않았을까 싶다.

그런데 그 해가 채 끝나기도 전인 12월, 오정현 목사는 핵심 관계자들과 가칭「글로벌 타임스」라는 전 세계의 독자를 겨냥한 인터넷 신문 창간 회의를 열었다. 그리고 그 신문 창간과 관련해 아버지와 대화를 가졌었다. 오 목사는 그가 자주 쓰는 슬로건 중 하나인 "한국 교회가 세계 선교를 마무리해야 한다"는 요지로 아버지를 설득하려 했다. 오 목사를 통해 이 신문에 대한 얘기를 한참 들으신 아버지가 그에게 던진 질문은 딱 하나였다.

"오 목사, 그거 하면 사랑의교회 담임목사를 하는 데 지장은 없겠나?"

이 대답은 반대도 아니지만, 결코 찬성도 아니다. 그 사실을 오정현 목사가 몰랐을 리 없다. 그 후 진행된 사항에 대해선 아는 바 없지만, 인터넷 신문「글로벌 타임스」는 지금 이 지구 상에 존재하지 않는다. 그 이유는 나도 모른다. 아무튼 오정현 목사는 하고 싶은 사역 하나를 못한 셈이 되었다. 물론 아버지가 그 사역에 시큰둥했던 것이 오늘날 「글로벌 타임스」가 우리 곁에 없는 이유의 전부는 아닐 것이다. 어쨌든 위의 일화 하나만 봐도, 오정현 목사가 아버지에 대해 어떠한 마음이었을지 나름 짐작할 수 있을 것이다.

하지만 아버지가 이 문제에 대해 흔쾌히 찬성하지 않은 가장 근본적인 원인은 이것이다. 오정현 목사가 지향하는 방식의 '글로벌 네트워크'에 관심이 없었기 때문이다. 오 목사는 자주는 아니지만 마치 아들이 아버지에게 어리광을 부리듯, 아버지께 반 농담조로 이렇게 말하곤 했다고 한다.

"목사님, 이제 제 하고 싶은 것 좀 하면서 살랍니다."

아마도 아버지는 오 목사가 이런 말을 할 때 가장 당황스럽고도 섭섭하지 않았을까 싶다. 2008년 6월 1일, 아버지가 오 목사에게 보낸 편지에도 이에 대한 얘기가 나온다. 2003년 가을 첫 특새부터 오정현 목사는 마음껏 자신의 사역을 펼쳤고, 아버지는 당회의 장로들과도 거리를 두며 교회 사역에서 스스로 물러서 있었다. 다 오정현 목사를 위해서였다. 그런데도 오 목사는 아버지께 제발 자기가 맘껏 일 좀 하도록 도와달라고 말하고 있으니 더 무슨 말을 하겠는가?

몇몇 친한 당회 장로님들에게 내가 들은 바로는, 그 당시 당회에서 곤란한 일이 있을 때면 오 목사는 아버지가 찬성하신 일이라며 자기 뜻을 관철하곤 했다고 한다. 어쩌면 아버지는 자신도 모르게 필요에 따라 자신의 후임에게 종종 방패가 되지 않았을까 싶다.

사실상 2003년의 몇 개월을 제외하고 2004년부터 아버지가 오 목사에게 마지막 편지를 쓴 2008년 6월까지, 그 기간 전체가 아버지에게는 참 힘든 시기였을 것이다. 아버지가 백석대 김진규 교수에게 오정현 목사의 논문 대필과 관련하여 문의 전화를 한 것은 다름 아닌 2004년이었다. 그런 전화를 걸어야만 했던 아버지의 심정은 도대체 어떠했을까?

한편으론 왜 그때가 되어서야 오 목사에 대해 제대로 알아야겠다는 생각을 하신 것일까? 그럴 거면 남가주사랑의교회에서 재정 문제가 생겼던 2001~2002년 사이에 하셨어야 했다. 2004년 아버지가 김진규 교수에게 전화한 사실로 볼 때, 그때부터 아버지는 가슴 속에 결코 내려놓을 수 없는 돌덩이를 하나 얹은 채 사셨다고 해도 전혀 무리가 아니다.

그러는 와중에 설상가상으로 2006년 여름, 아버지는 폐암 진단을 받았다.

2006년 5월, 나는 『평신도를 깨운다』 불어판 발간으로 파리에 가신 아버지와 장시간 통화했다. 통화 중 계속 기침을 하는 아버지에게 나는 몸이 괜찮으시냐고 물었고, 아버지는 그냥 감기 같다고 대답하셨다. 그러나 그치지 않는 기침의 원인은 감기가 아닌 폐암이었다. 2006년 6월에 아버지는 폐암 수술을 받으셨고, 나는 휴가를 얻어 강남세브란스병원에서 아버지 옆을 지켰다.

많은 분이 아버지를 찾아오셨지만, 단연 가장 자주 온 사람은 오정현 목사였다. 내가 곁에서 계속 지켜보았지만, 오 목사는 병문안을 와서도 주로 사역과 관련한 자신의 이야기들을 끊임없이 쏟아냈다. 짧게는 15분, 길게는 30분 가까이 이야기하다가 떠나곤 했다.

예를 들면 이런 식이다. 다음은 2003년 가을 특새 때 미국에 계신 아버지께 오정현 목사가 보낸 이메일의 일부다. 내용만 다를 뿐 이런 식으로, 막 수술을 마치고 누워계신 아버지에게 오 목사는 병원에 올 때마다 말하곤 했다.

"한 번도 말한 적도 없는데, 조선일보 같은 데서 새벽 부흥회를 큰 기사로 너무나 은혜롭게 써주었고, 조용히 살고 싶은데 심지어 KBS 같은 데도 관심을 표명하고 있습니다. 정말 무언가 우리 사랑의교회가 변화와 부흥의 진원지가 되어 가고 있는 것 같습니다. 요새는 대전, 대구

등의 지방에서도 전세버스를 대절해서 몇십 명씩 새벽기도회에 참여하기도 합니다. 인도네시아와 아프리카 우간다, 또 일본, 중국 등지의 목사님들도 여러 분이 와서 같이 기도하기도 합니다. 주일예배는 여전히 더 이상 수용이 안 될 정도로 사람들이 오고 있습니다. 지난주에는 마당에다가 전광판을 놓아서 오는 사람들을 수용해야 할 정도였습니다. 목사님이 오실 때쯤이면 재미있는 일들이 많이 생길 것입니다."

한편으로 이해 못 하는 바는 아니다. 수술 후에도 여전히 교회를 걱정하는 아버지께 교회는 "잘 돌아가고 있습니다"라고 안심시켜 드리기 위해, 오 목사는 나름의 사랑으로 이런저런 사역들을 미주알고주알 얘기했을 것이라고 생각한다. 그러나 나는 곁에서 그 모습을 보는 게 편하지만은 않았다. 듣고 있는 아버지가 너무 힘들어 보였기 때문이다. 그러나 아버지는 항상 끝까지 그의 말을 들으셨다.

아버지의 2006년 암 발병은 여러 가지 면에서 의미가 있다. 내가 볼 때 아버지 속에는 다음 두 가지 마음이 공존하지 않았을까 싶다.

'하나님께서 나를 부르시는구나. 이제는 모든 것을 다 손에서 훌훌 털고 신경 쓰지 말자.'

그리고 동시에 이런 마음도 함께 자리했을 것이다.

'이제 내게 주어진 시간이 많지 않구나. 하나님께서 나를 부르시기 전에 사랑의교회가 제자리를 잡도록 내가 할 수 있는 일들을 힘들어도 하자.'

그나마 몸이 조금씩 회복되면서 아버지는 지금까지와는 달리 자신의 목소리를 내야겠다고 생각하신 것 같았다.

2004년 오 목사의 논문으로 시작된 아버지의 마음속 의혹은, 그가 펼치는 사역들의 면면을 보면서 시간이 갈수록 점점 더 커져만 갔을 것이다. 아무리 부정하고 누르고 눈 감으려 해도 어느 순간 선명하게 드러나는 사실들 때문에 아버지는 고통받으셨을 것이다. 이는 오 목사와 일대일 대화로 풀 수 없을 정도로 상황이 심각해졌다고 본인이 판단했음을 의미했다.

잠시 앞 장에서 다뤘던 특새 얘기를 하자. 2003년 가을 첫 특새를 시작으로 매년 특새는 계속되었다. 그 결과 교회의 체질은 점점 더 변해만 갔다. 아울러 나는 아버지가 특새를 보시면서 분명히 간파했을 위험에 대해 언급한 바 있다. 아버지와 오정현 목사가 주고받은 메일 외에도, 아버지가 특새의 위험을 인지하고 이를 우려했다고 확신하는 이유는 다름아닌 아버지의 설교 때문이다.

2003년 가을 첫 특새 때, 아버지는 총 네 번의 설교를 하셨다. 특새 초기에 세 번의 설교를 하셨고, 한 달간 미국을 다녀오신 후 2003년 10월 17일에 다음과 같이 설교를 시작하셨다. 앞서 나는 아버지의 이 네 번의 설교는 처음 세 번과 한 달 뒤에 하신 마지막 설교로 구분하여 볼 것을 말한 바 있다. 다음은 그 네 번째 설교의 시작 부분이다.

"제가 오정현 목사님 보면서 참 불쌍하다는 생각을 자주 하는데, 얼굴도 많이 빠지고요. 지금 목도 정상이 아니에요. 내일 아침 하루 남았는데, 격려의 박수 좀 보내주세요. 그리고 특새 마치고 나서 새벽마다 나와서 찬양 인도한다 그것도 안 돼요. 오 목사님 앞으로 몇 년 사역해야 됩니까? 한 80까지 할거요, 아마. 80까지 하려면 30년 이상 해야 하죠. 그렇죠, 지금부터 저러면 안 돼요. 그러니까 특새 마치고 새벽기도 매일 할 때는 오 목사님께 조금 자유를 드려야 해요, 알겠죠? 그리고 여러분이 나와서 기도해야지, 어린애처럼 날마다 이래 가지곤 안 돼요. 내가 기도할 수 있는 힘도 생겨야지. 그러니까 꼭 오 목사님이 나와 찬양 인도를 해줘야만 기도가 터진다면 그것도 문제란 말이야. 그러니까 CD, 내가 들어봤는데 참 좋아요. 안 되면 CD 들으면서 해요. 그래도 은혜가 돼요. 앞으로 목사 될 사람은 반드시 음악을 잘해야 한다, 이런 생각은 안 돼요. 참 큰일 났어요. 신학교 다니는 학생들 중 음치들, 아예 목사 될 생각 그만두는 게 좋아요. 정말 기막힌 은사입니다. 할렐루야. 저는 항상 반 박자 늦는데 정확하잖아요."

성도들에게 웃음을 주기 위해 하는 것 같은 이 말 속에서, 교회를 향한 아버지의 우려를 읽을 수 있는 사람이 과연 얼마나 있었을까? 이 말 속에 있는 행여나 올지 모를 앞날에 대한 두려움을 느낀 사람들은 얼마나 될까?

이날 아버지의 설교 제목은 "성령충만의 열매와 증거"였다.

뼈가 담긴 이 서두 이후, 아버지는 감정적 흥분을 성령충만으로 착각하려는 성도들에게 성경이 말하는 성령충만을 가르치기 위해 사도행전을 하나하나 짚어가며 말씀을 전했다. 그 새벽 시간, 미국에서 돌아온 직후 아직 시차 적응도 안 된 상황에서도 온 힘을 다해 설교하셨다. 매일 빠짐없이 새벽을 지킨 자신에게 감동해 성령충만과 흥분 충만을 구분하지 못하는 성도들을 향해 아버지는 호소할 뿐이었다.

특새 기간 아버지의 마지막 설교는 2006년 4월 12일 새벽에 전해졌다. 설교 제목은 "함께 훈련을 통하여 성장하라"였다.[25]

---

25 아버지는 특새에서 총 여섯 번 설교하셨다. 그 중 네 번이 2003년 가을 첫 특새에서였다.

이 설교를 통해 아버지는 찬양으로 뜨거운 가슴을 느끼는 것도 중요하지만, 무엇보다 말씀으로 훈련받고 깨어나는 성도들이 될 것을 다시 한 번 강하게 주문하셨다. 어떻게 아버지 같은 사람의 눈에 특새의 정체가 보이지 않았겠는가?

특새라는 이벤트가 해를 거듭할수록 점점 더 교회는 감정적 열광을 중요시하는 분위기로 바뀌었고, 그 결과 떠나지 말아야 할 사람들은 계속 떠나갔다. 그러나 떠나는 사람들보다 더 많은 새로운 사람들이 찾아왔다.

이제 사랑의교회는 옥한흠 목사가 아무리 말씀을 앞에 놓고 가르치며 교훈해도, 그게 무슨 말인지 이해하지 못하는 사람들로 채워져 갔다. 과거의 사랑의교회와 전혀 다른 모습의 사랑의교회로 전력 질주하고 있었다.

여기서 우리는 자연스럽게 2007년 7월, 평양 대부흥 100주년을 기념하여 상암 월드컵 경기장에서 한 설교, 어쩌면 "이놈이 죄인입니다"로 기억되는 그 설교의 탄생 배경 일부를 생각할 수 있다. 다시 말하지만, 당시 아버지는 어쩌면 인생에서 가장 힘든 시간을 보내고 있었다. 그 누구에게도 말할 수 없는 혼자만의 짐을 짊어진 채 고통받고 있던 시기였다. 그리고 폐암 수술 후 기대만큼 회복되지 않는 몸도 아버지에게는 결코 쉬운 문제가 아니었다.

그 과정에서 아버지는 모든 고통의 원인을 자신에게서 찾았다. 아버지는 자신 외의 다른 곳에서 결코 그 원인을 찾을 수 없었을 것이다. 분명 그날의 절규와도 같은 아버지의 설교는 한편으로 한국 교회 전체의 세속화, 나날이 추락하는 기독교가 주는 고통 때문이기도 했다. 그러나 그날 아버지가 회개를 부르짖은 가장 중요한 원인은, 어쩌면 그 순간 아버지의 머리를 가득 채운 다음과 같은 사람들 때문이 아니었을까?

평생을 지키던 사랑의교회를 고통 속에 떠난 사람들, 또는 몸은 여전히 사랑의교회 안에 있지만 영혼은 마치 미라처럼 바짝바짝 메말라가며 예배 시간에는 연신 노래만 부르다 가는 사람들…….

그 사람들이 어찌 아버지의 눈에 보이지 않을 수 있었을까? 그 모습들을 보면서 아버지가 그 비극의 원인을 어떻게 본인 외의 다른 누군가로부터 찾을 수 있었겠는가?

평양 대부흥 100주년을 자축하며 축제 분위기에 빠져있던 사랑의교회 내부는 점점 변해가고 있었다. 아버지는 담임목사 시절 자신의 건강과 시간 때문에 부교역자와 더 많은 시간을 보내지 못하는 데 대해 항상 자책감을 갖고 있었다. 그래서 아버지는 '젊은' 후임이 오면 담임목사와 부교역자 사이에 소통의 장이 활짝 열릴 것이라며 이에 대한 기대를 자주 피력하셨다. 그러나 현실은 그렇지 않았다. 사랑의교회는, 아니 사랑의 교회 교역자 내부는 점점 더 불통의 구조로 굳어져만 갔다.

좀 더 구체적으로 말하면, 나름 아버지 때는 아버지에게 불호령을 맞더라도 직언하는 부교역자들이 제법 있었다. 왜 이게 가능했을까? 아버지는 화를 내더라도 들을 것은 듣고 고치는 사람이었기 때문이다. 그러나 아버지의 기대와는 정반대로, 오정현 목사에게 '직언'하는 사람은 점차 사라졌다.

무엇보다 오 목사 자신은 자기 구미에 맞지 않는 말을 들으려 하지 않았다. 누군가 그러한 시도를 하면, "오늘은 힘들다, 나중에 이야기하자'는 한마디 말로 그 자리를 피했다. 심지어 누군가 설교에서 잘못된 문장이나 예화를 지적이라도 하면, 까다로운 사람들 때문에 힘들다며 부교역자들에게 푸념을 늘어놓았다. 당연히 이런 분위기 속에서 어떤 교역자가 제대로 된 말을 할 수 있겠는가? "이제는 나를 도와야 할 너까지 나를 힘들게 하려는 거니?"라는 시선으로 자신을 바라볼 것이 뻔한 담임목사를 감당할 만한 부교역자는 사랑의교회에 없었다.

그리고 오 목사는 어느 교회에서도 찾을 수 없는 EP(Executive Pastors) 그룹을 만들었다. 이제 보통의(?) 부교역자들은 담임목사와의 만남은 꿈도 꾸지 못한 채, 당장 자신의 부서 사역을 관할하는 EP 교역자에게 잘 보이는 것이 급선무가 된 시스템으로 바뀌어갔다. 구조적으로 담임목사와 부교역자 간에 소통의 길이 막히고, 그나마 담임목사에게 접근할 수 있는 EP 그룹은 직언할 수 없는 사람들로 구성된 조직이었다. 이런 조직 안에서 평양 대부흥 100주년이 아니라 평양 대부흥 1000주년이 돼도 무엇을 기대할 수 있을까?

마침내 아버지는 2007년 12월, 오정현 목사와 관련해 결단을 내렸다. 오 목사의 사역에 제동을 걸어야겠다고 생각하신 것이다. 내가 아버지를 조금은 안다. 아버지는 맡기면 다 맡기지 의심하며 확인하는 사람이 아니다. 달리 말해 아버지가 뭔가를 누구에게 맡길 때는 확인하지 않아도 될 정도로 '믿는' 사람에게만 맡겼다. 아버지가 누군가에게 무슨 일을 맡긴 후 이를 확인하고 점검한다는 것은 정말로 아버지답지 않은 일이다. 아버지와 30년을 일한 김명호 목사는 이렇게 말한 적이 있다.

"목사님은 단 한 번도 나에게 너 어디 있느냐는 식의 질문을 한 적이 없으시다."

그만큼 맡기면 믿는다는 말이다. 그런데 오정현 목사에 대한 아버지의 믿음은 가히 상상을 초월하는 수준이었다. 그랬던 아버지가 오 목사의 사역에 제동을 걸어야겠다고 생각하신 것

마지막 노력들 ···137

이다. 2003년, 아니 2004년 이후부터 아버지의 마음속에서만 꿈틀거리던 의구심이 어떻게 의혹에서 확신으로 바뀌었을까? 과연 무엇이 아버지로 하여금 다음과 같은 행동을 결단하게 했는지 그 직접적인 원인이 확실치 않다. 물론 그 이유에 대해 몇 가지로 추측해 볼 순 있다. 아마도 내가 생각하는 그 모든 것들이 합쳐져 아버지의 결단으로 이어지지 않았을까 하는 것이 지금 내 생각이다.

아무튼, 아버지는 2007년 12월 27일 시무장로(지금의 운영장로)에서 물러난 사역장로 전체를 소집하셨다.

지금부터의 이야기는 다음 질문의 직접적인 답이 된다.

"왜 아버지는 2008년 6월 1일 오정현 목사에게 '우리가 한배를 타고 있는가'라는 편지를 보냈을까?"[26]

2007년 12월 27일 아침, 당시 출장으로 한국에 와 있던 내게 휴대전화기 벨이 울렸다. 김명호 목사였다.

---

26 옥성호가 왜 아버지의 그 편지를 세상에 공개했는지에 대한 글은 인터넷에서 쉽게 찾을 수 있다.

"성호야, 아버지가 사역장로 전체를 다 소집하셨다. 이제 어떡하냐?"

내용은 걱정하는 것 같았지만, 김명호 목사의 목소리에는 기대가 주는 흥분이 가득 차 있었다. 그 전화를 받았을 때만 해도 나는 그게 무슨 말인지 몰랐다.

"아버지가 사역장로들을 다 불러 모았다고? 그게 뭐 어떻다는 거지?"

지금 생각하건대, 김명호 목사는 당연히 그 일이 갖는 의미를 알고 있었다. 은퇴 후 가능한 한 장로님들과의 만남을 자제하던 아버지였다. 최대한 교회 일에서 물러나 있으려던 분이었다. 그런데 그런 분이 한두 사람도 아니고 사역장로 전체를 만나시기로 한 것이다. 이것은 분명 뭔가 큰일이 벌어질 전조였다. 게다가 아버지는 누가 뭐래도 암환자가 아닌가? 아무리 수술을 성공적으로 끝냈다 해도 폐암을 앓으셨던 분이 아닌가?

잠시 곁길로 샜다가 다시 돌아오기로 하자.

아버지와 함께 사역했던 분이자 오정현 목사가 부임했을 당시 사역장로였던 김두종 장로는 오 목사의 설교를 누구보다 힘들어했다. 오 목사에게도 직접 설교에 대한 자기 생각을 메일로 보내기도 했다. 그런 김 장로에게 아버지는 이렇게 말했다.

"김 장로님, 장로님 같은 분 두 명만 있으면 목회 못 합니다. 설교 못 해요. 오 목사 좀 도와주세요."
"목사님, 내가 오죽하면 그러겠습니까?"

2008년 12월, 전체 사역장로들과 만나기 전까지만 해도 아버지는 당신의 속이야 어찌됐든 기회가 될 때마다 장로님 한 분 한 분에게 오정현 목사를 도와달라고 말했다. 하지만 그날 이후 모든 것이 달라질 것만 같았다.

전체 사역장로들[27] 앞에서 아버지는 이렇게 말했다.

"앞으로 교회의 중요 문제에 대하여 사역장로님들은 물러나 계시지 마시고 적극적으로 참여해주세요. 내가 사역장로회를 만든 것이 당회원 숫자가 너무 많아 결정 과정이 비효율적일까 봐 그런 것이지, 아예 교회 문제에 손을 놓고 있으라는 것이 아니었습니다. 앞으로 사역장로님들도 당회 의결에 적극적으로 참여해서 오정현 목사를 도와주시길

---

27 물론 몇 분은 빠졌다.

바랍니다."[28]

듣기에 따라서 별 의미가 없다고 볼 수도 있지만, 한마디로 이 말의 의미는 앞으로 사역장로들도 오정현 목사에게 제동을 걸라는 말이었다. 사역장로들은 현실적으로 아버지의 은퇴 전 부탁도 있었지만, 당회 운영에 전혀 참여하지 못하고 아버지와 마찬가지로 '뒷방 영감들'로 전락해 있는 상태였다.

아버지의 말 앞에서 내놓고 반대하는 사역장로는 없었다. 참여한 분들 중 상당수가 당시 교회의 운영 상황을 잘 알고 있

---

[28] 사랑의교회 특징 중 하나가 장로들의 숫자가 작다는 것이다. 아버지는 가능한 한 당회의 규모를 작게 하여 당회기 탄력적으로 운영되도록 했다. 아버지 시절만 해도 당회는 '만장일치제'였다. 반대하는 사람이 한 명만 있어도 당회 전체가 기도하고 의논했고, 당회 전체가 찬성해야 일이 진행되었다. 그런 의미에서 아버지는 사역장로라는 제도를 만들었다. 즉 시무장로를 일정 기간 하고 나면 일종의 은퇴를 시킨 것이다. 한 번 장로가 되면 70세까지 당회원 자격을 유지하는 일반적인 관례를 깬 것이다. 따라서 오정현 목사가 부임할 당시 상당수의 사역장로들이 있었는데, 이분들은 오정현 목사의 사역에 전혀 관여할 수 없었다.
무엇보다 아버지는 은퇴를 앞두고 당회에 다음과 같은 특별 부탁을 하셨다. "교역자 임명 등과 같은 목회적 결정에 관한 한 오정현 목사가 당회의 의결 없이도 할 수 있도록 허락해 주기 바랍니다." 물론 아버지 시절에도 대부분의 '목회적 결정'은 아버지가 독단적으로 했다. 그러나 교회법상 이런 목회적 결정들도 최고 의결기관은 당회이며 담임목사는 당회원의 일원일 뿐이기에, 아버지는 특별히 당회에 이 점을 부탁한 것이다. 당연히 당회는 아버지의 권고에 찬성했고, 그 후 오정현 목사는 교역자 선임뿐 아니라 예배 장소 결정 등 수많은 당회 의결 사항에 대해 당회와 의논한 적이 없다. 문제는 결국 아버지가 애초에 오 목사 사역의 탄력성을 위해 의도했던 '목회적 결정'의 담임목사 위임이 사랑의교회 내 대부분의 결정에 해당하였다는 것이다.

었기에, 아버지의 이런 제안을 환영하는 분위기였다. 하지만 적은 수이긴 하나 반대하는 분들도 있었다. L 장로는 "아닙니다"라는 말 대신 다음과 같이 제안했다. 2008년 1월 26일에 당회가 있으니까 그때 다시 한 번 의논하자고 말이다.

원래 그런 게 있다. 하기 싫으면 뒤로 미루자고 하는……. 그냥 미루기 뭐하면 TFT(Task Force Team)를 만들어 의논하자고 하면서 미룬다.

아버지는 순진했다. 2007년 12월이면 당신이 은퇴한 지 벌써 만 4년이 넘은 시점이다. 이미 아버지는 교회에서 완전히 손을 떼고 있었다. 그 사이 오정현 목사로 인해 '아름다운 열매'를 따먹은 사람들이 왜 없겠는가? 아버지는 한 달 후로 결정을 미루자는 말을 깊이 생각하지 않았다. 그리고 그날 참석한 모든 사역장로들이 이제는 사역에 적극적으로 참석해 오정현 목사에게 필요한 조언을 하리라고 믿었던 것 같다.

그날 회의가 끝나고 한 장로가 아버지에게 전화했다.

"목사님, 사역장로들 중 목사님의 말씀에 찬성하지 않는 사람들이 있습니다."

아버지는 깜짝 놀라셨다고 한다. 그날 그 자리에 모인 분들은 다 당신과 함께 사랑의교회가 허름한 상가에 있을 때부터 함께 기도하고 함께 울었던 사람들이 아닌가. 아버지는 이렇게 물으셨다고 한다.

"누굽니까?"
"여러 명입니다. 제가 어떻게 얘기를 합니까?"
"장로님, 한 명만 말씀해 주시지요."

그 장로는 아버지가 그 이름을 들었을 때 가장 충격을 받을 한 사람의 이름을 말했다. 그 이름을 들은 아버지는 통화하던 그 장로에게 말했다.

"장로님이 사역장로회 회장을 맡아서 내가 아까 얘기한 대로 일을 추진해 주시지요."
"목사님, 회장은 제가 아니라 K 장로님이 하고, 저는 총무로 도울 수 있습니다. 하지만 그 전에 목사님께서 이걸 해주십시오."
"뭡니까?"
"앞으로 교회의 중요 문제 의결에 있어서 담임목사와 지금의 시무장로들이 사역장로회에 보고하지 않으면, 사역장로회 전원이 당회에 복귀하겠다는 선언에 사역장로 모두가 결의할 수 있도록 해주십시오. 그러면 이 일을 K 장로님과 맡아서 하겠습니다."

이 요청이 이뤄진다면, 그래서 사역장로 전체가 결의한 이 내용이 오정현 목사와 시무장로들에게 전해진다면, 그것은 가히 혁명적이라고 해도 과언이 아닌 '견제 시스템'이 사랑의교회 내에 만들어지는 것이었다. 하지만 이런 현실 자체가 얼마나 슬픈 일인가? 교회가 시스템으로 움직일 수밖에 없는 이 현실 말이다. 2007년 말, 그나마 이런 견제 시스템이라도 마련하게 되어 다행이었다. 왜냐하면 사랑의교회가 어디까지 어떤 모양으로 나아갈지 상상도 할 수 없는 수준으로 바뀌고 있었기 때문이다. 아버지는 그 점을 보고 결단했고, 이런 요청을 한 장로님 역시 그 점을 누구보다 잘 알고 있는 분이었다.

아버지는 그 후로 장로님들을 기수 별[29]로 만났다고 한다. 그리고 앞으로 오정현 목사를 돕고 사랑의교회를 살리는 길이 무엇인지 얘기하셨다고 한다. 당시 아버지를 만났던 한 장로는 내게 이런 말을 하였다.

---

29 당시 사역장로는 1기에서 5기까지 전원 그리고 6기 중 일부였다. 이 당시 아버지는 사역장로들뿐 아니라 시무장로들까지 다 만나셨다.

"목사님이 결코 드러내어 말씀하진 않았지만, 언뜻언뜻 비치는 말 속에는 사실상 목사님이 2008년 6월 오 목사에게 보낸 편지 내용이 다 들어있었어. 내가 그 편지를 보고 나서, 그때 목사님께서 드러내어 말씀은 못 하셨지만 그 속이 어떠했을까 참 마음이 아팠네."

하지만 1월 26일에 다시 열리기로 한 장로들의 모임이 있기까지, 아버지에게는 상상도 못 했던 전방위 압력이 가해졌다. 오정현 목사는 사역장로회 소집 소식을 듣고 아버지를 여러 번 만났다. 만나서 무슨 말을 했을지는 상상에 맡기겠다. 그리고 부산의 C 목사는 아버지에게 그렇게 하시면 교회를 쪼개는 것이라고 읍소했다. 게다가 아버지의 제안을 반대한, 몇몇 '믿었던' 장로들의 압력도 만만찮았다.

하지만 그 한 달 동안 일어난 일 중 가장 중요한 사건은, 정확히 몇 차례인진 모르지만, 아버지와 오정현 목사 사이의 만남이었다. 그 만남을 통해 아버지는 생각을 접으셨다. 다시 말해서 다시 한 번 오 목사를 믿으신 것이다.

2008년이 밝았다. 예정된 1월 26일, 아버지는 사역장로들과 다시 만났다. 그리고 이 자리에는 오정현 목사도 동참했다.

아버지는 이렇게 말씀하셨다.

"앞으로 오정현 목사와 당회는 교회 건축 등과 같이 교회 전체가 움직이는 중요한 일과 관련하여 사역장로회와 의논할 것입니다."[30]

애초에 아버지에게 견제 시스템을 위해 전화 통화를 했던 장로님을 비롯해 이번이야말로 사랑의교회가 다시 살아날 마지막 기회라고 기대했던 상당수의 사역장로들은 아버지의 발언에 놀랐다. 아버지의 이 말은 교회 건축 외에 사역장로회는 당회에 관여하지 말라는 말과 다름없었기 때문이다.

물론 아버지의 바람대로 더는 사역장로들이 신경 쓸 필요 없이 사랑의교회가 잘 움직이면 가장 좋은 시나리오일 것이다. 하지만 그렇지 않다면 이는 아버지가 사역장로회를 소집하기 전보다 더 상황이 나빠졌다고 할 수 있다. 그렇지 않은가?

아버지는 이런 기회를 통해 오정현 목사가 자신을 한 번 되돌아보고 돌이킬 수 있으리라고 생각했을 것이다. 하지만 그렇지 않다면 아버지는 어쩌면 마지막 남은 자신의 영향력을 스스로 버린 것이나 다름없기 때문이다.

이건 중요하다.

---

30 2009년부터 본격적으로 진행된 교회 건축과 관련하여 사역장로회와 얼마나 소통이 있었는지 사실 나는 의심스럽다.

칼을 뽑았으면 무라도 베어야 한다. 칼을 뽑았다가 도로 집어넣으면, 그건 애초에 빼지 않느니만 못하다. 더 큰 문제는, 다시는 사람들이 그 칼을 두려워하지 않는다는 점이다. 그러면 더는 뺄 칼도 남지 않게 된다.

아버지는 끝까지 오정현 목사를 믿고 싶었을 것이다. 애초에 오 목사를 힘들게 하려고 사역장로들과 만난 것이 아니었다. 당신이 원했던 것은 어떻게든 사랑의교회가 제 모습을 찾는 것, 그 하나였다. 따라서 오 목사에 대한 믿음이 다시 '회복'된 이상, 사역장로들 때문에 오 목사의 사역이 힘들어지는 것은 아버지가 원한 것이 아니었다.

그리고 시간이 흘렀다. 그러나 그때로부터 채 6개월이 지나지 않아, 아버지는 오정현 목사에게 세상에 알려진 그 편지를 보냈다. 아버지가 그 편지를 보냈다는 사실은 아버지, 오정현 목사, 아버지의 비서, 그리고 오정현 목사의 비서실장, 그 네 명밖에 몰랐다. 아버지는 편지에 대한 얘기를 어머니께도 하지 않으셨다. 어머니조차 그 편지가 인터넷을 통해 공개되었을 때 처음으로 보셨다. 그리고 2011년 1월 이후 편지의 존재를 알게 된 사람은 네 명에서 다섯 명이 되었다. 내가 읽었기 때문이다.

왜 아버지는 오정현 목사에게 그토록 비밀리에 편지를 보낼 수밖에 없었을까? 2008년 6월, 더는 아버지가 할 수 있는 게 없었기 때문이다. 2007년 12월에 꺼냈다가 다시 집어넣은 칼은, 2008년 6월 당시 녹슨 게 아니라 아예 사라지고 세상에 남아있지도 않았다.

아버지는 그때부터는 정말로 벙어리, 장님이 되어야만 했다. 모두의 반대에도 불구하고 자신이 믿어서 데려온 오정현 목사에 대한 선택이 잘못됐음을 깨달았기 때문이다. 아버지는 오정현 목사가 부임한 지 무려 5년이 지난 후였지만, 자신의 잘못을 부분적으로나마 바로 잡으려 했다. 그러나 또 한 번 당신 스스로 그 결심을 접으셨다. 단적으로 말해, "옥 목사님, 오정현 목사는 안 됩니다"라는 외침에 오 목사의 손을 들어준 아버지가 더 이상 무엇을 할 수 있었을까?

분명 2007년 12월 27일에서 2008년 1월 26일까지 아버지에게 가해진 압력은, 애초에 오 목사의 부임을 반대했을 때 아버지가 느꼈던 압력과는 비교도 할 수 없을 것이다.

왜?

2000년 대 초 오정현 목사의 부임을 반대하던 당시, 아버지는 힘이 있었다. 그 당시의 반대는 사실상 반대가 아니라 '건의' 정도였다고 보는 게 맞다. 그러나 2007년 말 아버지는 이제 힘이 있는 존재가 아니었다. 힘의 균형은 이미 오래 전 후임에게로 넘어갔고, 한때는 오정현 목사를 데려오려는 아버지의 결단을 반대했던 사람들 중에서도 이제는 그 새로운 힘이 주는 '열매'를 계속 따 먹을 수 있을지 없을지에만 마음이 뺏긴 상황이었다.

그러니 어찌 그 압력이 강하지 않을 수 있겠는가? 물론 이 압력에 가장 큰 역할을 했던 사람은 오정현 목사였을 것이다. 자기 자신의 문제이니까. 그 반대의 정도가 강하면 강할수록, 오 목사가 애절하게 보이면 보일수록, 몸이 약한 아버지로선 그를 한 번 더 믿고 싶은 마음이 들지 않았겠는가?

이제 아버지에게 남은 것은 최종적으로 자신의 마음을 담은 편지를 오정현 목사에게 보내 그의 결단을, 변화를 요구하는 것이었다. 그것도 비밀리에. 오정현 목사를 위해서이기도 하지만 무엇보다 자기 자신을 위해서이기도 했다.

우리가 정말 한배를 타고 있는가?

사랑하는 오 목사에게,

주님께서 지친 몸을 다시 일으켜 주시기를 바란다. 화요일 만나 내가 듣고 싶은 이야기를 미리 알려 주는 것이 너를 위해 도움이 될 것 같아 몇 자 적어 보낸다. 우리의 중심을 보시는 하나님 앞에서 교회를 위해 그리고 우리 자신들을 위해 솔직한 대화를 나눌 수 있기를 빈다.

5년 전 오 목사를 사랑의교회 제 2대 목사로 초빙할 때에는 여러 가까운 목사들이 부정적인 견해를 자주 피력하였지만 나는 마음이 평안했다. 왜냐하면 다음과 같은 확신 때문이었다. 동시에 이 확신이 주님의 선하신 뜻이라고 믿었기 때문이다.

"오 목사는 제자훈련 목회철학으로 무장한 지도자다. 그러므로 한 사람을 천하보다 귀하게 여기는 주님의 심정을 가지고 있을 것이다. 그리고 2, 3백 명의 양 떼를 위해 달동네에서 평생을 헌신한 존경스러운 부친의 등을 바라보면서 자란 사람이기 때문에 내 후임이 되어도 절대 자기의 인간적인 야심을 비전이라는 화려한 포장지로 싸서 대형 교회의 힘을 남용하거나 오용하지 아니하는 양심적인 지도자가 될 것이다. 그리고 강해설교가 좀 약한 편이지만 사랑의교회 강단에서 섬기게 되면 놀라운 잠재력을 발휘하여 나를 능가하는 탁월한 설교자가 될 것이다. 3년만 지나면 사랑의교회는 세상이 대적하지 못할 말씀과 성령의 큰 능력으로 무장한 제자의 공동체가 될 것이다."

그러나 안타깝게도 지금은 나의 이런 확신이 가끔 흔들리는 것 같아 고민이다. 며칠 전 나이가 지긋한, 지명도가 높은 모 목사님이 편지를 보냈다. 오 목사가 마음껏 자기의 비전을 펼칠 수 있도록 풀어 주라는 것이었다. 자기가 듣기로는 옥 목사가 오 목사의 발목을 잡고 일을 하지 못하게 하고 있다는 말이었다. 이런 루머가 왜 돌고 있는 것일까? "3년만 넘기면 내 마음대로 목회할 것이다"라는 말을 하고 다닌다는 소리는 가끔 들었지만 이런 편지를 가지고 충고하는 사람이 등장할 줄은 미처 몰랐다. 무엇이 그렇게 부자유스러운지, 그래서 목회에 얼마나 지장을 받고 있는지 내가 묻고 싶다. 지금 상황에서 발목이 잡힌 목회를 하고 있다는 생각을 한다면 오 목사는 정말 오만하고 분수를 모르는 무서운 인물일 수도 있다는 생각이 든다. 지난 4년 동안 너의 문제는 너무 자유가 많았기 때문이라고 하는 생각은 해 본 일이 없는지 묻고 싶다. 차라리 내가 원로로서 정말 못된 짓을 한 것이 있다면 무릎을 꿇고 용서를 빌겠는데 양심이 마비가 되어 그런지 생각이 잘 나지 아니해서 더 괴롭다.

그리고 얼마 전에는 나의 가슴을 찢어 놓는 일이 또 있었다. 나는 한국교회를 비판하는 인터넷 사이트는 한 달에 한 번도 들어가 보지 않는 사람이다. 그런데 누군가가 뉴스앤조이에 들어가서 김종희 기자의 글과 그 기사에 대한 반응이 얼마나 뜨거운지 댓글을 좀 읽어 보라고 했다. 나는 사실 오 목사가 쓴 '대운하' '광우병'에 대한 국민일보 칼럼을 읽어 보지 못했다. 그리고 그 내용이 성령께서 주시는 음성이었다고 말한 설교도 들어 보지 못하였다.

그러나 막상 인터넷을 열고 들어가자 나는 너무 충격을 받았다. 오 목사와 함께 사랑의교회는 물론 나까지 싸잡아서 저질적인 표현으로 비난하는 글들이 줄줄이 이어지고 있었다. 오 목사를 변호하는 글들은 불과 몇 개 되지 않았다. 오 목사가 바른 소리를 했는데 그처럼 동네북이 되었다면 내가 방패막이가 되어 함께 무덤에라도 들어가고 싶은 심정이었지만 그럴 수가 없는 것이 안타까웠다. 비판자의 지적처럼 오 목사는 목사로서 이 사회의 밑바닥 민심을 너무 읽지 못한 경솔한 소리를 한 것이 틀림이 없어 보였기 때문이다. 어떻게 보면 질이 좋지 못한 일부 네티즌들이 하는 소리로 무시해 버릴 수 있을지 모른다. 하지만 내가 보기에는 그렇게 간단하지 않을 것 같다. 그들이 오 목사를 헐뜯고 사랑의교회를 비판하고 옥 목사를 의심하는 말에는 우리 교회의 미래를 위해 겸허히 받아들여야 할 다소의 진실이 들어 있다는 사실을 부인할 수 없기 때문이다.

그래서 나는 오 목사와 만나 다음 몇 가지를 질문해서 너의 진심이 어디에 있는지 너의 정체가 정말 무엇인지 다시 한 번 확인해야 되겠다는 생각을 하게 되었다. 그렇지 않고는 내 속에 소리 없이 쌓이는 불신의 먼지를 털어 낼 수 없을 것 같다. 원로는 되도록이면 빨리 죽는 것이 좋다는 말이 있다. 그러나 죽지 않고 살아 있는 이상 후임자와 한배를 타야 한다고 생각한다. 나 자신을 위해서가 아니라 교회를 위해서다. 내가 평생 생명처럼 사랑한 양 떼들을 위해서다. 그들을 위해 지도자 된 우리는 좋지 못한 일로 욕을 먹어서는 안 된다. 교회가 돌을 맞아서도 안 된다. 무엇보다 중요한 것은 목회가 본질을 벗어나면 절대로 안 된다는 것이다.

두 사람의 대화를 통해 우리가 지도자로서 잘못하고 있는 것이 발견되면 윌로우크릭교회의 하이벨스 목사처럼 "내가 잘못 했다. 새 종이를 내놓고 다시 그려야 한다"라고 하는 양심적인 결단을 할 수 있기를 기도한다.

1. 그동안 지켜본 바로는 권력과 밀착하려고 하는 성향이 강한데 그 이유가 무엇인가?
(1) 이명박 정책 지지 발언/ 공인으로서 그렇게 하는 것이 잘한 일이라 생각하는가? 사랑의교회가 비록 강남에 위치해 있지만, 이 나라의 1퍼센트도 안 되는 강남의 가진 자들을 위한 교회라는 이미지를 준 일이 별로 없다. 그러나 오 목사는 이상하게도 밖으로는 귀족적인 이미지를 풍기고 있다. 소망교회 담임이었으면 좋았겠다는 말도 듣는다. 그 원인이 어디에 있는지 고민해 본 일이 있는가?
(2) 중국종교성관리들과의 여러 차례 접촉/ 정권 유지를 위해 입맛대

로 기독교를 이용하고 있는 공산 정권과 만나 무슨 선교를 협의한다는 것인가? 이것은 선교 본질에도 벗어나는 일이고 아직도 핍박받고 있는 중국 성도들을 무시하는 짓이 아닌가? 중국 정부와 접촉하는 일에 한국 교회 아니면 사랑의교회로부터 위임을 받은 것도 아니지 않는가? 그렇게 하는 저의가 무엇인가?

2. 글로벌 시대의 교회 비전이 필요하다는 말을 가끔 하는데 구체적으로 어떤 것을 말하는 것인가? 지금 사랑의교회는 글로벌 시대에 어울리는 비전을 가지고 있지 않다고 보는가?

3. 하나의 지역 교회가 할 수 있는 사역은 한계가 있다. 사랑의교회가 지금 하고 있는 일들만 해도 감당하기가 쉽지 않다고 본다. 그런데 계속해서 세계적으로 네트워크를 만들어 사역을 확장해야 한다고 생각하는가? 양 떼를 위해 목숨을 버리는 선한 목자의 양심을 가지고 고민하고 있는지 묻고 싶다. 사람에게 멸시당하고 사회에서 버림받으면서 교회를 마지막 보루로 생각하고 목회자의 따뜻한 손길을 기다리는 불쌍한 사람들이 사랑의교회 안에도 부지기수로 많다. 그들을 위해 오 목사가 무엇을 해 주고 있다고 생각하는가? 강단에서 몇 마디 하는 립서비스는 가증스러운 짓이라고 생각지 않는가? 밖으로 도는 시간을 절약해서 주님이 가까이 두기를 원하시는 이런 자들과 함께 울고 웃어

주는 목회자가 진정한 주의 종이요 제자라고 생각하지 않는가? 세계적인 경제위기와 함께 국내 서민층의 고통이 가중되고 있는 때에 그들의 정서에 역행하고 부자 교회의 허세를 부리는 것 같이 보이는 이벤트들을 계획하는 이유가 무엇인가?
(1) 창립 30주년 기념 잠실 체육관 행사/
(2) 작년에 이어 다시 계획하는 손니치 여행 집회/

3. 교리설교의 스타일과 내용을 수정할 용의가 없는가? 신학을 전공하는 학생들이 모인 신학교에서도 '하나님', '구원', '성화'와 같은 무거운 주제는 4, 50분 안에 다 가르치지 않는다. 제자훈련에서도 한자리에 앉아 3시간 이상 다루는 주제들이다. 그래도 어렵다고 야단들이다. 교리설교를 하겠다는 말을 듣고 내가 언젠가 한 말을 기억하고 있는지 모르겠다. 배고픈 아이들 앞에서 요리강좌를 하면 안 된다고. 교리설교는 무거운 주제일수록 몇 번을 나누어서 가르쳐야 하고 소제목 하나마다 평신도의 가슴에 와 닿을 수 있는 쉬우면서도 깊이 있는 해설을 담고 있어야 한다고 생각한다. 그럼에도 그들이 소화하는 양은 일부에 지나지 않을 것이다. 소제목을 줄줄이 엮어 내려가는 단편적인 지식들이 설교라고 보지 않는다. 머리만 복잡하게 만들고 마음에 와 닿는 것이 별로 없는 설교는 열매를 기대하기가 어려운 법이다. 입장을 바꾸어 누가 신학박사인 너에게 그런 식으로 한꺼번에 교리를 이야기한다

면 마음에 와 닿는 것이 얼마나 될 것이라고 보는가?

4. Christianity Today 한국판 발행과 함께 신학적으로 예민한 칼럼들을 어떤 기준으로 선택할 것인가? 그리고 논쟁이나 비판이 일어날 때 누가 책임지고 대처할 생각인가? 예/ 리처드 마우 '관대한 복음'

5. 교회 안에서만 인터넷을 능숙하게 다루는 인구가 2만 명이 넘을 것이다. 모든 정보가 삽시간에 퍼지고 있다. 뉴스앤조이도 마찬가지다. 목회자가 제일 두려워해야 할 대상은 알면서 침묵하고 있는 다수다. 그들은 언제나 잠재적인 위기 아니면 도전이 될 수 있다. 어떻게 대비할 생각인가?

나는 우리 둘이서 만날 때에는 기쁘고 소망스러운 그리고 서로를 자랑스럽게 여기면서 대화를 나누기를 얼마나 소원하는지 모른다. 물론 원로와 후임자의 사이는 생태적으로 고부간과 같아 쉬운 일이 아닌 줄 알지만 노력하면, 특히 그리스도의 사랑으로 서로를 품으면 조금도 어려운 일이 아니라고 믿는다. 이번과 같은 긴장된 대화가 다시 없기를 바란다. 그래서 날마다 너를 위해 기도하고 있다. 물론 나를 위해서도 기도한다.

2008. 6. 1. 옥한흠

이게 끝이었다.

이 편지를 보낸 후 맞이한 2008년 여름은 아버지에게 육체적으로 가장 고통스러운 해였다. 면역력이 급격히 약해진 사람에게 찾아온다는 대상포진이 아버지의 얼굴을 공격했다. 당시 한국에서 대상포진에 걸린 아버지의 얼굴을 보았을 때의 충격을 나는 지금도 기억한다. 대상포진에 이어 안면까지 마비되었다. 그리고 그 해 12월 폐암은 전이되었고, 아버지는 폐에서 1리터에 달하는 물을 빼내어야만 했다. 이제 그의 몸은 무엇인가를 바꾸고 싶어도 바꿀 수 없고, 무엇인가를 말하고 싶어도 말할 수 없는 상태로 나아가고 있었다.

2008년 10월 5일 사랑의교회 설립 30주년 기념행사에서, 아버지는 나날이 약해지는 자신의 육체와 정신 속에 자리 잡은 교회와 오 목사를 향한 섭섭함을 교인들에게 잠깐 드러낸 적이 있다. 아버지는 자기 생각을 직설적으로 표현하시기도 하지만, 동시에 은유적으로 표현하신다. 그런 아버지의 모습이 가장 대표적으로 나타난 때가 바로 그날이었다.

그 해 여름 내내 지독한 통증을 유발하며 당신을 괴롭히던 대상포진에서 좀 벗어나셨기에, 그날 행사에 참석할 수 있었다. 공교롭게도 행사를 준비한 팀은 아버지에게 메시지 시간을 아주 짧게 배정했다고 한다. 아버지와 오정현 목사가 차례로 나와서 총 30분으로 예정된 메시지를 전하는 시간이었다. 아버지는 이렇게 말했다.

"제대로 하려면 사랑의교회에서 25년 사역한 내가 25분을 얘기하고, 5년 있었던 오 목사가 5분을 얘기해야 한다."

사람들은 웃었다. 과연 그 자리에서 그 말 속에 담긴 뼈있는 의미를 알아챈 사람이 몇 명이나 있었을까? 원래 그런 법이다. 예수님 때부터 들을 귀가 없는 자는 아무리 얘기해도 모른다.

개인적으로 아버지는 폐암 전이와 함께 2009년을 맞았고, 교회는 교회대로 모든 사역의 초점을 첫째도 건축, 둘째도 건축으로 삼는 시발점으로서 2009년을 맞았다. 그리고 아버지는 아셨다. 건축에 대해 철저히 무관심해야 자신이 그나마 버틸 수 있다는 것을.

하지만 아버지는 원래 그렇지 않았다. 교회의 운명이 달린 건축이 오로지 새로운 담임목사의 몫이라 생각하며 아예 뒷짐 지고 있는 분이 아니었다.

2008년 초, 한국으로 출장 왔던 나는 국제제자훈련원에 있는 아버지의 집무실을 찾았다. 아버지와 이런저런 얘기를 나누던 중, 오정현 목사에게서 아버지를 찾는 전화가 왔다. 전화 통화는 한참 동안 이어졌다. 옆에서 아버지의 말만 들어도 지금 무슨 대화가 오가는지 충분히 짐작할 수 있었다. 오정현 목사는 서초고등학교 인수와 관련해 아버지에게 진행 상황을 얘기하며 협조를 구하는 중이었다. 아버지의 요지는 간단했다.

"오 목사, 본당에 2,000명 아니 많게는 3,000명 더 들어갈 수 있게 하려고 수 천억을 쓴다는 것이 말이 되나?"

아버지의 분명한 만류에도 전화 통화는 끊어지지 않았다. 아버지는 처음에는 꾸짖다가 나중에는 사정 조로 설득하면서까지 한참 계속되었다.

다음은 두 사람이 서초고등학교와 관련해 통화했던 그즈음에 아버지가 오정현 목사에게 보낸 이메일 전문이다.

사랑하는 오 목사,

그날 도심 속에 남아 있는 확 트인 공간에 매료되어 정말 손에 넣었으면 좋겠다는 생각에 빠져 있었다. 우리 교회를 향하신 하나님의 선한 뜻이 드러나는 것 같았다. 그러나 돌아와서 나는 계속 갈등과 번민 속에 시간을 보내어야 했다. 기도 시간 내내 그 문제를 끌어안고 씨름을 해야 했다. 눈으로 보기에 좋았던 소돔 땅을 선택한 롯이 자꾸 생각나는 이유가 무엇일까?

전화를 통해서 혹은 만나서 이야기를 해도 되겠지만 이렇게 메일을 쓰는 것은 당회에서 그 문제를 거론할 때 나의 의견을 알고 싶어 하는 장로들이 나오면 네가 정확하게 전달하는데 자료가 되도록 하기 위해서다. 그리고 너에게 좀 더 진지하게 생각할 수 있는 공간을 만들기 위해서다.

일차적으로 우리가 투자해야 할 액수가 최소한 천억에서 천오백은 되어야 할 것이다. 그리고 학교의 질을 높이기 위해 추후로 투자해야 할 돈이 몇백억이 될지 지금은 예상하기 어렵다고 본다. 이 정도의 볼륨은 현재 경제 사정이 좋지 아니한 상황을 고려할 때 대단히 무모한 시설 투자라고 할 수 있다. 만일 이 계획을 그대로 감행한다면 향후 10년 가까이 재정 압박과 함께 교회의 전반적인 사역에 지장을 초래하게 될 것이다. 동시에 사학재단이란 호랑이 꼬리를 잡고 끌려 가야 하는 무거운 짐을 지게 될 것이다. 교회의 청년기가 영원히 계속되는 것이 아님을 너도 알고 있지 않니? 그렇다고 그것이 온 교회가 목숨을 걸어야 할 일이라면 모르지만 아무도 그렇다고 동의하지 않을 것이다. 공간은 4, 5천 명을 수용할 수 있는 예배 공간과 몇 개의 교육공간 그리고 1, 2

천 대의 주차 공간이다. 그것도 주일에만 사용할 수 있다. 주중의 종교 활동이란 방학 때를 빼고는 거의 불가능할 것이다. 크리스천 학교가 아니라는 사실을 염두에 두어야 한다. 그리고 주일날 4번 예배를 드린다고 해도 이만 명 내외를 수용하는 시설에 불과하다. 이것은 근본적으로 문제 해결을 할 수 없다는 것을 의미한다. 이것은 헌금을 호소할 수 있는 명분으로 너무 약하다고 생각한다.

그렇다고 고등학교 운영을 교회 비전으로 내걸고 설득할 수 있을까? 나는 그렇게 보지 않는다. 머리가 우수하고 좋은 환경을 가진 소수의 학생들을 위해 사랑의교회가 주일학교 년 예산의 백배 이상의 투자를 꼭 해야 한다고 생각하는 사람은 교회 안에 아무도 없을 것이다. 그런 우수한 학생들이 찾아갈 학교는 우리가 만들지 아니해도 얼마든지 있다.

나는 사랑의교회가 대단히 중요한 기로에 서 있다고 본다. 대형 교회로서의 이미지를 가지고는 더 이상 감동을 주지 못한다고 본다. 3만 명이 모이든, 10만 명이 모이든 대형 교회가 주는 이미지는 똑같다. 다시 말하면 교회의 사이즈를 더 키우는 데 욕심을 내는 지도자를 놓고 사람들은 영웅주의, 물량주의라고 생각하지 더 고상한 의미를 부여하지 않는 것이 오늘의 현실이라는 말이다. 나는 출석 만 명이 넘어가면서 항상 양심의 가책과 아픔에서 벗어나지 못하고 살았다. 교회가 커서 목회자로서 양 떼를 돌보고 섬기는 본질에 충실할 수 없다는 사실 때문이었다. 밑바닥에서 고생하는 성도들의 신음소리를 들을 수 없었다. 우는 자들과 함께 우는 목회자가 될 수 없었다. 나도 모르게 무대의 스타가 되어 연기하기만 급급했다. 나는 이런 자신이 미웠다. 삯꾼과 무엇이 다른가? 결국 이 고민이 내가 목회에서 빨리 물러나고 싶었던 여러 가지 이유 가운데 하나가 되었다. 너도 양들을 위해 목숨을 버리는 선한 목자가 되기 위해 네가 지금 서 있는 자리가 괜찮은지 주님 앞에 물어야 할 것이다. 교회가 커질수록 우리는 스타가 될 수는 있어도 선한 목자가 되는 것과는 거리가 멀어진다는 사실을 항상 염두에 두어야 한다.

사랑의교회는 교회 사이즈를 더 키우는 데서 자유해야 한다고 본다. 다시 말하면 예배공간을 확보하기 위해 지나친 출혈을 하는 어리석은 짓을 피해야 한다는 말이다. 교회의 본질은 사람이지 건물이 아니라는 말을 너도 자주 하지 않았니? 영재고등학교를 위한 비전보다 예수님이 항상 마음을 두고 가까이하셨던 보통 사람 이하의 사람들을 찾아가는 비전을 가지는 것이 사랑의교회답고 또 이 시대에 작은 예수의 모습을 보여 주는 교회가 될 수 있다고 확신한다.

서초구청이 내놓은 복지관 프로젝트를 좀 더 진지하게 검토해 보았으면 좋겠다. 거기에는 4, 5백억이 들어도 지나치다고 생각하는 사람은 없을 것이다. 헌금하는 성도들도 긍지와 소명을 가지고 할 수 있을 것이다. 최소한의 예배공간을 확보할 수 있고 복지라는 보람된 일에 힘을 쏟을 수 있으니 일거양득이 아닐 수 없다고 본다. 그것이 완성되면 사랑관과 함께 4만 명 수용은 가능할 것이다. 그 이상은 주님의 처분에 맡겨야 할 것이다. 한 교회를 비대하게 키울 필요가 어디에 있는가? 더 생산적인 전략을 강구할 수 있어야 할 것이다.

교회의 머리 되신 주님께서 주도권을 가지고 간섭하시고 인도해 주시기를 기도한다. 늘 너를 위해 기도하고 있다. 샬롬.

나는 아버지가 돌아가신 후 언젠가 오정현 목사에게 왜 건축과 관련해 자꾸 아버지를 관여시키느냐고 항의하는 메일을 보낸 적이 있다. 내가 그럴 수 있었던 것도 무엇보다 그날 서초고등학교와 관련해 아버지와 오정현 목사 사이의 전화 통화 광경을 생생하게 목격했기 때문이다. 그리고 건축과 관련한 아버지의 진심을 누구보다 잘 알고 있었기 때문이다.

2009년 들어 건축과 관련한 이런저런 소리는 점점 더 많이 들렸고, 이 문제 때문에 아버지를 찾는 사람들도 늘어갔다. 일찍이 공공도로 점유 문제를 파악한 사람들은 아버지만이 그 상황을 바꿀 수 있다고 확신했기에 아버지를 찾아 왔다. 그러나 아버지는 육체적으로나 정신적으로도 그럴 힘이 남아있지 않았다. 이미 아버지는 건축과 관련해 자신의 생각을 말할 수도 또 말한다고 해도 관철할 힘이 남아있지 않았다. 약해질 대로 약해진 사람이 자신을 보호할 길은 오로지 하나뿐이었다. 귀를 막고 눈을 막는 것이었다.

한 권사님은 내게 이렇게 말했다.

"옥 집사, 2009년 옥 목사님이 내게 지나가는 말투로 이렇게 말하셨어. "나는 입이 있어도 말할 수 없고 손과 발이 있어도 움직일 수도 없는 사람이야"라고. 그때 그 말을 들었을 때 마음이 얼마나 찢어졌는지 몰라."

다음은 한 시무장로가 아버지께 보낸 이메일 전문이다.

2008. 10. 20.

안녕하세요! 사랑하는 나의 목사님!
당회를 마치고 잠을 잘 자지 못했습니다.
이 일은 내 일도 아니고, 이젠 더 이상 관여하고 싶지도 않습니다.

마음을 아무리 편하게 먹으려고 해도 잘되지 않습니다. 여러 번을 포기하면서, 더 이상 involve 되고 싶지 않아 outside를 돌려고 해도 하나님 앞에 죄를 죄는 것 같아 가슴이 너무 아픕니다.

제 생각에는, 제가 생각하는 것보다 훨씬 더 나쁜 목사님과 사역하는 것 같습니다.

전 어제 당회를 보면서 목사님의 끝을. 그리고 사람의 끝을 보았습니다. 당회 시작부터, 공갈 협박이었습니다.(소망교회 분열의 예) 자기의 잘못이나 충고는 보지 못하는 정말 벌거벗은 임금이었고, 우린 그의 신하(몸종)였습니다. 건축에 모든 것을 건 사람이었고, 자기 자신도 자기를 모르는 우매한 자였습니다. 성도를 사랑하는 마음은 찾아볼 수도 없고 오직 자기 사랑과 자기만족에 도취한, 세상에 흔하게 있는 욕심 많은 사람이었습니다.

당회에서 통과가 되지 않으면 설교를 1, 2부 하겠다고 말하는 것은 소명 받은 사람이라면, 도저히 할 수 없는 말이었습니다. 장로들은 목사님의 partner가 아닌, 생명체가 없는 거수기 정도밖에는 되지 않는 존재로 여기는 목사님의 태도에, 전 더 이상 절망할 수밖에 없는 사건이었습니다. 목사님이 신이 아니며, 사회 일은 장로들이 더 안다고 생각합니다.

당회에서 목사님보다 나이가 어린 장로는 2명 정도이고, 거의 목사님과 같거나 나이가 많으신데, 그런 식으로 대하는 것은 사회 CEO도 하지 않을 것입니다.

이번 부지 매입은 교회의 장래 일이던지, 아니면 젊은이들을 키우는 공간으로 사용된다면 괜찮을 것으로 사료됩니다. 지난번 서초고등학교와 똑같은 실수를 하는 목사와 장로가 있는 것이 부끄럽습니다.(저를 포함) 시뮬레이션을 하면 그 땅이 타당한가를 금방 알 수 있습니다. 오 목사님은 본인도 몇 명이 예배드릴 수 있는 얼마만 한 공간이 필요한지도 모르고 땅을 구입해서 무조건 짓겠다는 생각을 하니 참 어처구니가 없습니다. 그것이 나오면 정감운동에 맞게 다른 시설을 1평이라도 더 지으면 됩니다. 가령 6,000명이 들어가는 공간이면 5,000평이 필요하다면, 10000+1평이 필요합니다.(왜냐하면 본래의 사업하는 것보다도 크게 지을 순 없다고 생각합니다)

만약 목사님이 혼자 교회를 멋대로 운용한다면, 당회는 필요가 없다고 봅니다. 해산해야지요. 릭 워렌 목사님처럼, 여러분의 달란트를 교회가 필요로 한다고 초청은 못 해도, 지체로서 역할은 분담해서 해야 한다고 생각합니다.

만약 성도 앞에서, 목사님이 당회 때문에 사역을 못 하겠다면, 우리도 오 목사님의 독주에 힘이 들어 당회를 그만두겠다면 됩니다. 모든 성도 앞에 고하면 됩니다.

왜 우리가 30주년 행사나 평양문화센터 등등 이런 중요한 일에 아무 것도 할 수 없고, 할 필요도 없다고 간주하는 교회에 당회원으로 더 이상 있고 싶지 않습니다.

평신도 훈련을 왜 시키는지요.
동지를 만들어서 하나님의 사역에 동참하며,
서로를 보면서 하나님의 사랑을 느끼고 싶어서가 아닌가요.
평신도(성도)는 의무만 있고 권리는 없는 종입니까?
무뇌아로 아니면 독재시대에 아무 말 하지 못하는 지식인도 아니면서 지식으로 교회에 있는 것, 저와 생리가 잘 맞지 않습니다.

건강하시고 안녕히 계십시오
한 제자가 교회가 너무 급변하게 변한 모습에 넋두리를 하는 것으로 보아 주세요. 죄송합니다. 부끄럽습니다. 제 역할을 잘못하고 목사님의 짐이 되어서.

그러나 아버지는 이런 외침들에 대해서 아무것도 할 수 없었다. 아버지 입장에서는 살기 위해서라도 교회로부터 가장 멀어지고 싶을 그때가, 오정현 목사 입장에서는 아버지를 가장 필요로 하는 때였다. 건축과 관련해 이 건축은 오 목사 자신의 뜻이기도 했지만, 무엇보다 옥한흠 목사의 뜻이라는 점을 계속 부각할 필요가 있었다.

건축에 대한 오 목사의 집념은 부임 이후 집요하게 이어졌다. 내가 아는 것만 해도, 위에서 언급한 서초고등학교 외에 역삼동의 상록회관 그리고 양재동의 횃불회관 등이 건축의 대상으로 한동안 거론되었다. 새로운 건축의 대상이 생길 때마다 거기에 들어가는 에너지가 얼마나 크겠는가?

마침내 서초동 법원 앞에 새로운 건물을 짓는 것이 구체화되어갈 무렵인 2009년, 당시 오정현 목사는 아버지에게 서초구청장과의 만남을 끈질기게 요청했다. 아버지는 계속 거절했다. 그것은 오 목사를 힘들게 하기 위해서가 아니라 사람을 만나는 것 자체가 이젠 본인에게도 너무 힘들었기 때문이다. 그럼에도 불구하고 오 목사의 계속된 요청에 아버지는 서초구청장과 간단하고 형식적인 전화 통화를 했다. 그런 다음 즉시 오 목사에게 전화해 다음과 같이 말했다.

"오 목사, 절대로 구청장에게 곤란한 일이 생기도록 해서는 안 된다. 잘 기억해라. 미국과 한국은 법 적용이 다르다. 미국은 그냥 '합법'이면 다 괜찮지만, 여기 한국은 법보다 더 중요한 사람들의 정서라는 것이 있다. 정서적인 반발을 사면 합법도 문제가 될 수 있다. 오 목사가 미국에 오래 있었기 때문에 행여나 하는 노파심에 하는 말이다."

아버지는 공공도로 점유 등 당시만 해도 대부분의 사람들에게 숨겨진 건축의 내막을 전혀 모르셨다. 말 그대로 서초구청장과 군이 전화하기를 바라는 오 목사를 보고 느낀 그 심정을 말씀하셨을 뿐이다. 그냥 그 정도에서 끝났으면 얼마나 좋았을까?

그러나 건축을 위해서 오정현 목사는 가장 중요한 순간에 아버지가 필요했다. 암이 전이되어 어떻게 보면 시한부의 삶을 사는 아버지는 한 번 더 '한배'를 탄 오정현 목사를 위해 나서야 했다. 물론 건축헌금을 독려하는 동영상을 찍어 달라는 오 목사의 요청을 아버지는 거절했다.

그러나 오 목사는 이렇게 말했다고 한다.

"목사님, 목사님이 가만 계시면 사람들이 말이 많습니다. 마치 목사님과 저 사이에 균열이 생겨 그렇다고 오해합니다. 교회가 둘로 나뉘어서는 안 되지 않겠습니까?"

옥한흠 목사에게 이것처럼 무서운 말이 또 있었을까?

교회가 둘로 나뉘어진다.

알고 보니 사실은 한배를 탄 줄 알았던 두 사람이 전혀 다른 배를 타고 있었다.

이렇게 두 사람이 쪼개지는 걸 보니까 결국 옥한흠 목사의 후임 결정은 실패였다.

아버지에게 너무도 치명적인 아킬레스건은, 2009년 11월 13일 주일에 방영된 건축헌금 독려 동영상을 찍었다는 사실이다. 이 동영상을 찍기 전날, 한국에 있던 내게 비서 박정은은 그 동영상을 아버지가 찍지 않도록 막아 달라고 말했다. 나는 동영상을 녹화하기로 예정된 금요일 전날인 목요일 밤에 아버지와 통화했다. 소용이 없었다. 그리고 금요일에 아버지는 동영상을 찍었다.

토요일 아침, 나는 마지막 희망을 걸고 오정현 목사와 면담했다. 아버지가 건축헌금 독려 동영상을 찍었다는 사실을 나를 통해 듣게 된 두세 명의 장로들은, 내가 오정현 목사를 만나는 시간 합심해서 기도하겠다고 말했다.

나는 길게 말하지 않았다.

주일예배 때 사랑의교회 성도들 앞에 서는 게 어쩌면 이번이 마지막이 될 지도 모르는데, 그 마지막 자리가 건축헌금을 독려라는 자리가 되지 않게 해달라고 간청했다. 그리고 한국 교회 안에서 사람들이 존경할 수 있는 지도자를 한 교회의 건축 때문에 잃지 않게 해달라고 말했다.

오정현 목사는 이미 아버지의 녹화 사실을 당회원과 직원 전체가 알고 있기 때문에[31], 그 녹화가 취소되면 교회 내에 분열이 있을 수 있다고 말했다. 나는 그를 설득할 수 없었다. 왜냐하면 아버지가 스스로 이미 찍었기 때문이다.

게다가 처음 동영상을 찍었을 때는 있었던 한 구절, 즉 "건축을 하다가도 하나님의 뜻이 아니면 그만두면 됩니다"라는 아버지의 말은 편집에서 삭제되었다. 혹자는 말할 것이다. 그 한 구절이 뭐 그리 대단하냐고. 하지만 그렇지 않다. 그 한 구절은 아버지의 자존심이었고 마지막 명예였다. 아버지는 주일날 방송되는 동영상을 보고 그 삭제된 한 줄을 눈치채셨을까? 독자의 판단에 맡기겠다.

녹화 현장에 참석했던 한 방송실 직원에 의하면 동영상을 다 찍은 후 아버지는 오 목사를 향해 "이제 됐니?"라고 말했다고 한다. 정말로 슬픈 이야기다.

내 예상대로 아버지는 그날 이후 더는 주일날 사랑의교회

---

31 앞 장에서도 언급했듯 이 말은 사실이 아니었다.

강단에 서지 못했다. 다만 아버지는 2009년 10월 18일 저녁 대각성전도집회의 설교자로 사랑의교회 강단에서 서셨다. 나는 그날 그 집회에 참석해 떨리는 손을 감추며 설교하는 아버지를 보았다. 평생 복음을 외치던 그의 마지막 설교가 전도집회에서 울려 퍼진 '복음'이었다는 것은 어쩌면 너무도 당연하였는지 모른다.

2010년, 아버지가 돌아가신 그 해 초 아버지를 만났던 한 장로님은 내게 이렇게 말씀했다.

"옥 집사, 아버지가 그러시더라고. 그 양반이 그런 말을 하는 분이 아닌데. "장로님, 내가 특새와 오 목사가 밖으로 돌아다니는 것을 못 막은 것이 한이 됩니다"라고 말이야. 그래서 내가 막 오 목사의 문제들을 얘기했어. 다 쏟았지. 목사님은 그냥 듣고만 계시더라고. 그런데 내가 얼마 전 자네가 공개한 아버지의 편지를 보고 너무 놀랐어. 그날 내가 얘기했던 내용이 거기 다 있는 거야. 내가 아버지께 불편을 막 쏟아 놓았던 그때 이미 목사님은 알고 계셨어. 그날로부터 1년 반 전에 이미 그 내용을 오 목사에게 보낸 그 양반이 아무 말 없이 내 말을 듣고 계셨으니 그 속이 어땠겠어."

나는 다음 이야기를 오정현 목사에게서 들었다.

"성호야, 한번은 아버지가 집으로 나를 부르시더니 나한테 안수기도를 해달라는 거야. 이게 말이 되니? 어떻게 내가 옥 목사님을 안수기도할 수 있니? 그래서 내가 안 된다고, 목사님이 나를 해주셔야지 어떻게 내가 할 수 있느냐고 했지. 그래도 아버지가 계속 고집하셔서 아버지도 내게 안수기도를 하시고, 나도 아버지께 안수기도를 했다. 참 이게 놀랄 노자가 아니겠니?"

아버지와의 안수기도 이야기를 어떻게 보면 자랑 비슷하게 얘기하는 오 목사를 보면서, 나는 그날 내 아버지의 심정을 느낄 수 있었다. 자식에게 회초리를 들고 나를 때리라고 말하는 그 부모의 마음을 느낄 수 있었다. 아버지는 오 목사에게도 아버지였다. 그리고 오 목사는 나의 아버지에게 또한 아들이었다. 그래서 아버지는 끝까지, 끝끝내 그를 포기할 수 없었나 보다. 아니, 다음 장에서 다시 말하겠지만 그만큼 아버지에게 사랑의 교회는 자신의 전부였다.

WHY?

아버지는 자신의 잘못을 은퇴 후에야 비로소 제대로 직면했다. 아버지는 그 아픈 심정을 한 인터뷰에서 '엇박자'라고도 표현했다. 아버지가 평신도를 동역자로 삼는 제자훈련은 말할 것도 없거니와, 함께 사역하는 목사들을 진정한 동역자로 삼아 교회가 비대해지지 않도록 나눠서 함께 건강한 교회를 만들어가는 제자훈련의 목회적 모델을 보여주셨더라면 오늘 한국 교회는 어떻게 되었을까? 오늘의 사랑의교회는 어떻게 되었을까? 오늘날 입으로는 제자훈련을 떠들지만 제 몸집 불리기에만 온통 정신이 팔린 수많은 교회들은 어떻게 되었을까?

05
선택의 이유들

WHY?

이제 우리는 이 책의 본론이자 핵심에 다다랐다. 지금까지의 글이 과거를 다루었다면 마지막 장을 통해서는 현재와 미래를 얘기하게 될 것이다.[32] 나는 이 장에서만은 아들이 가지는 사적인 감정을 최대한 자제하고 객관적 입장에서 글을 쓰려 한다 (그렇다고 지금까지의 모든 내용에 객관성이 없었다는 말은 아니다). 하지만 어디 그게 그리 쉽겠는가?

자, 다시 물어보자.

---

[32] 5장을 쓰는 데 생각에 도움을 주신 분들, 특히 고직한 선교사와 김명호 목사에게 감사를 표한다.

"왜 옥한흠 목사는 오정현 목사를 사랑의교회 2대 목사로 선택했을까?"

내가 그동안 이곳저곳에서 들었던 가장 쉬운 이유 몇 가지를 들어보자.

"옥 목사님은 남들이 오 목사에 대해 아무리 나쁜 말을 해도 믿지 않으셨지. 오 목사가 지난 30년간 옥 목사님께 얼마나 잘했는지 알아? 사람이 사람에게 이렇게 할 수 있나 할 정도로 잘했어. 그러니 오 목사를 욕하는 사람들은 다 그를 시기해서 그런다고 옥 목사님의 눈에 보였을 수 있겠지. 그리고 무엇보다 옥 목사님은 대안이 없으셨어. 다른 사람이 없었으니까."

자, 이 대답보다 좀 더 수준 있는 답들을 생각해보자. 지금부터 얘기하는 답들은 어쩌면 조금씩 서로 겹칠 수도 있다.

"왜 옥한흠 목사는 오정현 목사를 사랑의교회 2대 목사로 선택했을까?"

아버지는 당신이 오정현 목사를 후임으로 뽑은 이유를 여러

곳에서 얘기하셨다. 『제자훈련 열정 30년 그 뒤안길의 이야기』 (국제제자훈련원, 2001)에서는 오정현 목사를 선택한 이유를 다음과 같이 말씀하셨다.

"오정현 목사는 30년 넘게 인간적으로, 영적으로 깊은 교제를 나누며 살아온 사이였다. 그와 내가 닮은 점이 있다면 두 가지를 들 수 있다. 대대로 예수를 잘 믿는 집안에서 태어나 어려서부터 가난하게 살았다는 것과 평신도를 예수의 제자로 만들어 함께 동역 하는 건강한 교회를 만들려고 하는 목회철학을 공유하고 있는 목회자라는 점이다."

2008년 6월 1일 오정현 목사에게 쓴 편지에서는 또 이렇게 말하셨다.

"오 목사는 제자훈련 목회철학으로 무장한 지도자다. 그러므로 한 사람을 천하보다 귀하게 여기는 주님의 심정을 가지고 있을 것이다. 그리고 2, 3백 명의 양 떼를 위해 달동네에서 평생을 헌신한 존경스러운 부친의 등을 바라보면서 자란 사람이기 때문에 내 후임이 되어도 절대 자기의 인간적인 야심을 비전이라는 화려한 포장지로 싸서 대형 교회의 힘을 남용하거나 오용하지 아니하는 양심적인 지도자가 될 것이다. 그리고 강해설교가 좀 약한 편이지만 사랑의교회 강단에서 섬기게 되면 놀라운 잠재력을 발휘하여 나를 능가하는 탁월한 설교자가 될 것이다. 3년만 지나면 사랑의교회는 세상이 대적하지 못할 말씀과 성령의 큰 능력으로 무장한 제자의 공동체가 될 것이다."

그러나 내가 볼 때 아버지가 오정현 목사를 선택한 가장 큰 이유는, 그가 이민 교회를 미국에서 가장 큰 한인 교회로 성장시켰기 때문이다. 아버지는 남가주사랑의교회의 성장이 제자훈련 때문이라고 믿으셨다. 그런 점에서 어쩌면 아버지는 나보다도 더 순진하게 남가주사랑의교회를 보지 않으셨을까 생각한다.

아버지는 그가 '어떻게' 남가주사랑의교회의 교인 수를 늘였는지에 대해 좀 더 '옥한흠답게' 보셨어야 했다. 그러나 그러지 못하셨다. "당연히 오 목사니까 한 사람을 살리는 제자훈련 정신으로 그랬겠지"라고 생각하셨다. 어쩌면 아버지에게는 오 목사가 '어떻게' 교회를 성장시켰는가보다 그가 교회를 성장시킨 사실 자체가 더 중요했는지 모른다. 그 사실만으로도 아버지는 그를 '검증된 목사'로 생각했는지 모른다. 그보다 더 중요한 것은 '어떻게'인데 말이다.

만약 오정현 목사가 남가주사랑의교회를 개척하고 10년이 지났는데도 교인 수가 여전히 50명 내외라면 그가 아버지의 선택을 받을 수 있었을까? 아무리 아버지에게 개인적으로 잘 대했어도 그가 선택받을 수 있었을까?

결코 아니다.

왜냐하면 아버지가 그를 선택한 이유는 그가 이뤄낸 미국에서의 목회적 성공이었기 때문이다. 이렇게 볼 때 오정현 목사도 할 말이 있다. "다 내가 잘하고 잘나서 사랑의교회에 왔을 뿐이야"라고 말이다.

결국 아버지가 오정현 목사를 데려온 이유는, 그가 이민 교회를 미국에서 가장 큰 한인 교회로 성장시켰기 때문이다. 무엇보다도 '제자훈련'을 표방하면서 그 결과를 이뤄냈기 때문이다. 아무리 제자훈련 구호를 교회 벽 전체에 도배했다 하더라도, 교회가 수적으로 빈약했다면 그는 결코 사랑의교회에 올 수 없었을 것이다.

"왜 옥한흠 목사는 오정현 목사를 사랑의교회 2대 목사로 선택했을까?"

오정현 목사가 미국에서 큰 교회를 이뤄냈다는 사실은 아버지에게 매우 중요했다. 왜냐하면 그 사실은 그가 한국에서도 똑같은 결과를 이뤄낼 수 있다고 확신하게 하는 증거가 되기 때문이다. 마치 한국 축구팀이 히딩크를 데려온 이유와 같다. 승리가 뭔지, 우승이 뭔지를 아는 감독이 이끄는 팀과 예선 통과를 한 번도 해본 적 없는 감독이 이끄는 팀이 붙는다면 결과는 뻔하다.

다시 말해 아버지는 오정현 목사가 부임한 이후에도 사랑의교회가 '계속 성장하기를' 원했다. 이에 대해 아버지는 2003년 1월 7일 교역자 회의에서 이렇게 표현하셨다.

"통계학상 교회의 전성기는 첫 세대로 끝난다고 말합니다. 약 5~7퍼센트만이 2세대까지 연장되기도 합니다. 한 시대가 지나고 나서 다음 세대로 이어지기까지는 굉장한 몸부림이 필요합니다. 제가 70세까지 한다고 하면 실제로 한 3년 정도 더 하는 것인데, 그렇게 되면 교회도 같이 늙어버려서 후임 교역자가 굉장히 힘들게 됩니다.

목회는 정치와 다릅니다. 정치야 한 번 확 뒤집어 버리면 그만입니다. 그러나 목회는 고목이 되기 전에 어떤 대안을 찾는 것이 중요합니다. 그러므로 올해 한 해는 분기점에 서 있다는 사실을 알고 내가 어떻게 힘을 모아 뛰느냐, 다음 바통을 받는 사람이 얼마나 힘을 받고 뛰느냐가 다음 20년을 결정할 것입니다. 또한 새로 온 교역자에게 장단점이 있습니다. 나란히 놓고 보면 대조적인 부분도 많습니다. 지도자의 취향에 따라 그 현장이 바뀌는 데는 2, 3년이 걸립니다. 나보다 좋은 점을 갖춘 지도자이므로 그의 강점이 빛을 발하고 그의 약점이 자신의 노력으로 보완되면, 나보다도 훨씬 더 신 나게 사역할 수 있을 것입니다. 그분에게 있어서 약한 부분은 제가 이미 지적해뒀고 본인도 노력하고 있습니다."

아버지를 조금만 개인적으로 만난 사람들은 이 당시 아버지가 입버릇처럼 하셨던 말씀을 기억할 것이다.

"목사가 늙는다고 교회가 같이 늙으면 안 된다."
"오 목사가 50이 되기 전에 사랑의교회에 와야 사랑의교회가 다시 젊어질 있다. 내가 늙었다고 해서 교회가 늙지는 않는다."

또한 아버지는 측근들에게 '시그모이드 곡선(Sigmoid curve) 이론'을 자주 말하셨다고 한다. 이것은 쉽게 설명하면 다음과 같다.

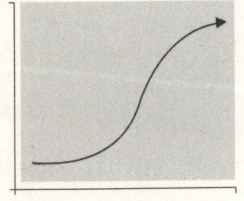 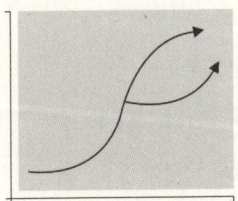

"로켓이 하늘을 향해 치솟고 있을 때 힘을 더 주면 더 힘차게 치솟지만, 일단 올라가다가 한번 꺾이면 그 꺾임을 역전시켜 다시 상승시키는 데 필요한 에너지는 전자에 필요한 에너지의 몇 배가 든다."

아버지는 당신이 65세가 되는 그때를 아직 사랑의교회가 상승하고 있는 때라고 생각했다. 그러나 당신이 70이 되는 때는 사랑의교회의 상승세가 꼭짓점을 치고 내려가는 때라고 보았다. 따라서 올라가는 로켓이 더 힘을 받아 올라갈 수 있도록, 사랑의교회가 꼭지점을 치기 전에 교회에 동력을 줄 수 있는 후임자가 와야 한다고 생각했다.

자, 나는 이 부분에서 할 말이 많다.

도대체 아버지에게 늙는 것이란 무엇일까? 나의 아버지가 늙은 사람이었나? 나이가 80이 되어도 아랫사람의 말을 듣고 자신을 고치는 사람이 늙은이인가? 아니면 채 40이 안 되었는데도 오로지 자기 생각만이 옳다는 아집에 빠진 사람이 늙은이인가? 아마도 아버지에게는 인터넷을 유능하게 하지 못하는 자신이 늙은 목사로 생각되었는지 모른다. 그러나 인터넷을 잘해 인터넷으로 신문도 만들고 인터넷으로 각종 네트워크를 만들지만, 정작 말씀 앞에 굴복하지 않는 목회자라면 그는 단지 젊다는 것만으로 인정될 수 있는가?

도대체 아버지에게 교회가 늙는다는 것이 무엇이었을까? 아버지는 분명 영락교회, 충현교회 등을 생각하셨을 것이다. 달리 말해 전성기에 비해 교인 수가 더 이상 늘지 않는 교회, 그래서 젊은이들이 점점 줄고 노인들만 차고 넘치는 교회들을 떠올리지 않으셨을까?

반대로 교회에 젊은이들이 넘친다고 그 교회가 젊은 교회인가? 한때 삼일교회가 자랑하던 '젊은 교회'라는 구호가 있었다. 그 교회가 젊었는가? 물론 다 그런 것은 아니지만, 자기밖에 모르고 정의를 위해 행동할 줄 모르는 이기적인 젊은이들로 가득 찬 교회가 젊은 교회인가? 그런 점에서 교회를 교인의 나이 평균을 가지고 얘기할 수 있을까?

다시 말하지만, 아버지는 교회가 '계속 성장'하기를 바랐다. 다른 말로 하면, 아버지는 교인들의 숫자가 비약적으로 늘지는 않더라도 꾸준히 늘어나기를 바랐다. 그것만이 교회가 '전성기'를 지나지 않은 증거라고 생각하셨던 것 같다.

교회는 회사가 아니다. 교회의 성장은 굳이 사람 수가 아니더라도 얼마든지 더 성장하는 길이 있었다. 교회의 전성기는 사람의 숫자와 관계없다. 왜 아버지는 정말로 자신의 존재 전체를 걸고 '한 영혼'을 아끼며 사랑하는 사람이었으면서도 교인들의 숫자는 늘기를 원하셨을까? 왜 늘어나는 숫자가 '성공한 제자훈련'이라고 생각하셨을까? 내 눈에 비친 아버지의 이 모순 아닌 모순은 결국 20세기 후반 한국 개신교 목회 신학의 한계가 아니었을까?

안타까운 것은 아버지가 사랑의교회 담임목사직에서 비로소 물러난 후에야 자신의 그 모순을 보게 되었다는 것이다. 조금만 일찍 보셨더라면, 아니 물러난 후에라도 자신의 모순과는 비교도 안 될 만큼 더 큰 모순을 가진 후임을 데려 오는 바람에 아무것도 하실 수 없었던 것이 가슴 아프다.

예를 들면 이렇다.

한 아버지가 있다. 평생 돈을 모았다. 돈을 모을 때는 나누는 것이 중요하다고 생각하지 않았다. 나눌 때 느끼는 기쁨을 몰랐나. 은퇴하고 비로소 그는 그 기쁨을 알게 되었다. 그러면서 "내가 한창때 돈을 나누면서 살면 좋았을걸" 하는 회한이 몰려왔다. 그래서 이미 자신의 모든 재산을 물려준 아들만은 그 기쁨을 알길 바랐다. 아들에게 그 기쁨의 비밀을 말하고 싶었다. 아들이 그 기쁨의 비밀을 누리는 삶을 살길 바랐다. 그러나 아들은 그 아버지와는 비교도 안 되게 돈밖에 모르는 사람이었다. 아버지는 생각한다.

"그래. 나도 못하던 것을 어떻게 재한테 하라고 하겠어. 하려면 내가 먼저 했어야지."

아버지는 입을 다물 수밖에 없다.

지금의 이 얘기는 다음과 연결된다.

"왜 옥한흠 목사는 오정현 목사를 사랑의교회 2대 목사로 선택했을까?"

어느 날 고직한 선교사는 내게 다음과 같이 말했다.

"옥한흠 목사님께서 목회 현장에서 조금만 더 제자에 대한 목회신학적 고민을 하시고 그 결과를 실천하셨더라면 얼마나 좋았을까? 내가 생각할 때 제자의 궁극적 목표는 결국 파송이야. 결국 떠나보내는 거야."

그렇다. 제자는 스승 곁에 영원히 머물지 않는다. 스승 곁에만 있는 사람은 제자가 아니라 하인이다. 제자는 스승에게 배운 후, 스승을 떠나 또 다른 제자를 만들어낸다. 그리고 그 제자는 또 제자를 만든다.

예수님은 제자들을 끊임없이 파송하셨고, 심지어 너희는 가서 모든 민족을 제자로 삼으라고 하셨고. 결코 제자들에게 계속 내 곁에 머물러 나와 함께하자고 하지 않으셨다. 나는 아버지가 자신과 동역했던 목사들을 진정한 제자로 만들었어야 한다고 생각한다. 그래서 그들이 나아가 또 다른 제자들을 만들도록 했어야 했다. 다른 말로 하면 사랑의교회가 한없이 크도록 놔두는 대신, 자신이 키운 제자들이 나아가 또 다른 제자들을 만들 수 있는 사역의 장을 열어주셨어야 했다. 사랑의교회를 통해 제자훈련 목회철학을 경험한 동역자들이 곳곳으로 흩어져 건강한 교회를 세우고 섬길 수 있도록 결단을 내렸어야 했다.

아버지는 자신의 잘못을 은퇴 후에야 비로소 제대로 직면했다. 아버지는 그 아픈 심정을 한 인터뷰에서 '엇박자'라고도 표현했다.[33] 아버지가 평신도를 동역사로 삼는 제자훈련은 말할 것도 없거니와, 함께 사역하는 목사들을 진정한 동역자로 삼아 교회가 비대해지지 않도록 나눠서 함께 건강한 교회를 만들어가는 제자훈련의 목회적 모델을 보여주셨더라면 오늘 한국 교회는 어떻게 되었을까? 오늘의 사랑의교회는 어떻게 되었을까? 오늘날 입으로는 제자훈련을 떠들지만 제 몸집 불리기에만 온통 정신이 팔린 수많은 교회들은 어떻게 되었을까?

---

33 부록을 참조하라.

나는 한국 교회의 거의 모든 문제는 교회의 대형화에 있다고 확신한다. 대형화는 무엇을 의미하는가? 교회 내의 기득권 세력, 달리 말해 교회로 인해 '돈을 버는' 사람들이 생기는 것이다. 생각해보라. 사람들이 많이 모이면 이곳저곳에서 큰돈이 오가기 마련이다. 큰돈을 주무르는 목사와 당회 간에 생길 수 있는 이득의 카르텔이야말로 오늘날 한국 교회 문제의 본질이 아닌가? 당회가 희생하는 사람들이 아닌 몇 명의 이익집단으로 전락한 교회 속에서 무슨 희망을, 무슨 희생을 기대할 수 있을까?

이런 한국 교회 비극의 토대인 교회의 대형화, 비대화를 어떻게 깰 수 있을까? 제자훈련을 제대로 하는 것이다. 제자는 성장해 떠나간다. 그리고 그곳에서 새로운 제자를 만든다. 큰 것이 좋은 것이 아니라 나뉘고 쪼개지는 것이 좋은 것이다.

지금 한국 교회 내의 주된 정서는 무엇인가? 나누는 것은 나쁜 것이고 커지는 것은 옳은 것이다. 부흥은 사람이 느는 것이고 성장하는 것이다. 그리고 부흥은 하나님이 주시는 것이기에 커지는 것은, 큰 것은 하나님이 제일 좋아하시는 것이다. 그래서 제자훈련 하는 교회는 더 커야 하고 더 많은 사람이 모여야 한다.

그러나 그렇지 않다.

오히려 그 반대다.

제대로 된 제자를 만드는 스승은 결코 제자를 평생 곁에 두지 않는다. 대신 그 제자가 나아가 새로운 제자를 만들도록 돕는다. 결국 교회는 혼자 커지는 대신 이곳저곳에 나뉨으로 함께 커진다. 그리고 크기와 관계없이 각자 뿌리를 내린 그곳에서 교회는 또 다른 제자를 만들어낸다.

여기에서 우리는 다시 중요한 답을 하나 찾아낼 수 있다.

만약에 아버지가 교회를 나눠 함께 제자를 키우는 동역자들을 많이 양산해냈다면 어땠을까? 그렇다면 자신의 은퇴 시점을 생각하면서 오정현 목사 외에 대안이 없어 고민하는 일은 애초에 생기지도 않았을 것이다. 오히려 너무도 많은 제자들을 앞에 놓고 행복한(?) 고민을 하셨을지 모른다. 아버시 앞에는 오정현 목사라는 막다른 길 외에 수없이 많은 초록으로 우거진 오솔길들이 펼쳐졌을 것이다.

아버지에게 이 '분립의 철학'이 있었더라면……. 그래서 아버지께서 사랑의교회가 제자훈련을 통해 제자를 만들어 파송하고 그 결과 분립해가는 교회의 모델을 제시하셨더라면……. 나는 아들이라고 하면서 당시 아버지 곁에서 제대로 된 말 한 마디 못했던 나의 무능과 무지가 원망스럽다. 왜냐하면 아버지는 듣는 사람이었고, 하나님 앞에서 고민하고 결단하는 분이었기 때문이었다.

　우리는 여기서 교회를 보며 분별할 수 있는 하나의 눈을 가질 수 있다. 제자훈련을 한다고 하면서 스스로 비대해지는 데에만 치중한다면 당신은 단언해도 된다.

　"저 교회는 제자훈련과 가장 관계없는 교회다"라고.

　제자훈련은 끊임없는 자기갱신을 요구한다. 비대한 몸집 속에서 갱신을 기대하긴 어렵다. 아니, 거의 불가능하다. 우리는 규모와 관계없이 제자로 삼고 그 제자를 키워 파송하며 복음이 필요한 곳, 사랑이 필요한 곳에 자신의 피와 살을 떼어주는 교회를 제자훈련 하는 교회라고 볼 줄 아는 바른 눈을 가져야 한다.

　흩어지는 교회, 파송하는 교회 역시 목회자가 예수님의 마음으로, 자신의 살을 찢는 심정으로 보내는 것임을, 그만큼 교인을 사랑하기 때문임을 보내는 사람이나 떠나는 사람이나 알았으면 좋겠다. 자식이 좋다고 40, 50이 될 때까지 시집 장가도 안 보내고 곁에 끼고 살려는 부모의 사랑은 정상적인 사랑이 아닌 것처럼 말이다. 시집 장가를 갈 때 부모도 울고 자식도 운다. 가슴 아프다. 그러나 그것이 사랑이고 그것이 가야 할 길임을 안다.

　"왜 옥한흠 목사는 오정현 목사를 사랑의교회 2대 목사로 선택했을까?"

지금부터의 대답이 이 질문의 정답에 가장 가까울 것이다.
옥한흠 목사가 오로지 교회를 갈수록 더 크게 키우고 싶어서?
결코 아니다.

아버지가 오정현 목사를 데리고 온 수많은 이유들을 다 모으고 모아 태우고 나면 딱 하나의 진짜 이유만 남는다.

그것은 이 세상에서 숨을 거두는 그 순간까지도 아버지의 마음속에서 떠나지 않았던 교회, 교인들에 대한 뜨거운 사랑이다. 오정현 목사를 데리고 온 것은 아버지가 그때 상황에서 교회를 가장 잘 사랑하는 방법이었다.

아버지는 돌아가시기 얼마 전 중환자실에서 잠시 의식을 차렸을 때, 말을 할 수 없어 칠판에 이렇게 쓰셨다.

"중환자실 간호사들의 발걸음에 교인들의 헌금이 묻어나는 거 같아서 교인들에게 미안하다."

죽음을 불과 며칠 앞둔 그 상황에서도 아버지는 교인들의 헌금으로 병원에 누워있는 자신을 머릿속으로 원망했다.

나는 여기서 아버지가 오정현 목사를 데리고 온 수많은 판단 착오의 원인에 대해 분석할 수 있다. 그러나 그 모든 판단 착오의 원인이 아버지가 가졌던 교회에 대한 사랑 때문임을 알

때, 나는 아무 말도 할 수 없다.

이렇게 생각해보라.

서로 전혀 사랑하지 않는 부부가 오로지 자식에게 상처 주지 않기 위해 같은 지붕 아래에서 산다. 말 그대로 위선의 삶이다. 하지만 그것이 잘못된 것일까? 가정을 지키기 위해서 그렇게 살 수밖에 없었다는 것이 잘못된 것일까? 내 아버지에게 교회는 자식이었다. 달리 말하면 부모에게 자식이 전부이듯 옥한흠 목사에게 교회는 전부였다. 아니 그는 처음부터 그랬다.

하지만 어느 순간부터는 자식을 위해서, 교회를 위해서라면 당신의 의지와 상관없이 다 내어줄 수밖에 없었는지 모른다. 그는 언젠가부터 아무 말도 할 수 없었고, 아무 행동도 할 수 없었다. 어쩌면 하나님께서는 옥한흠이라는 사람을 가장 잘 아시기에 아예 아버지의 말과 행동에 재갈을 물려 그 육체를 힘들게 하셨는지도 모르겠다.

물론 나는 아버지의 이런 생각에 동의하지 않는다. 내게 사랑 없는 결혼은 가짜다. 자식은 그냥 자식일 뿐이다. 그러므로 진실하게 살기 위해 사랑 없는 부부는 차라리 갈라지라고 말하는 것이다. 그럼 나는 맞는가? 나는 더 현명한 사람인가?

전혀 아니다. 하지만 한 가지는 확실하다.

가정 때문에, 자식 때문에 사랑하지도 않는 배우자와 살 수 있는 사람은 다른 건 몰라도 자녀에 대한 사랑만큼은 참사랑을 찾겠다는 사람보다 훨씬 크지 않을까? 그렇다. 교회에 대한 아버지의 사랑을, 교인에 대한 그분의 사랑의 크기를 내가 어찌 백 분의 일이라도 알 수 있을까?

결국 사랑의 문제였다.

인생사가 다 그렇다. 너무 사랑하면 아프고 너무 사랑하면 항상 문제가 생긴다. 이 글을 읽는 이 중에 젊은 사람은 꼭 기억하길 바란다. 내가 나름 친형으로 생각하는 고 김광석은 이렇게 노래했다.

"너무 아픈 사랑은 사랑이 아니었다"라고.

너무 사랑하지 마라. 그러면 다친다. 거의 항상……

아버지는 교회를 너무 사랑했다. 교인들을 너무 사랑했다. 그래서 그는 실수했다. 그래서 그는 다쳤다. 지금 이게 말이 될지 모르겠지만, 너무 사랑해서 잘못 판단했다. 교회를 통해 자신의 욕망을 채우고자, 교회를 통해 자신의 이름을 남기고자, 또한 평생을 가꾼 재산을 남을 줄 수 없어 아들, 사위를 데려다 놓는 목사들과 그는 근본부터 달랐다. 따라서 만약 지금 이 순간 아버지가 교회에 사과해야 한다면 그는 이렇게 말하셔야 한다.

"너무 사랑해서 잘못했다"라고.

은퇴 후 아버지는 본당 1층 구석에서 어머니와 함께 예배를 드리셨다. 1층에서 예배 드리는 것이 오 목사에게 부담이 될 지 모른다는 마음에, 두 분은 본당 2층 중앙 뒷쪽 구석으로 옮기셨다. 그러나 그 자리가 또 사람들의 관심을 끌자 나중에는 어르신들이 주로 예배드리는 친교실로 옮기셨다. 아버지가 오시는 것을 안 교인들이 두 분의 자리를 미리 비워놓자 그마저 어르신들에게 부담을 준다며 마지막에는 211호 비디오실 가장 구석 자리로 옮기셨다.

그게 사람들 앞에서 하는 쇼가 아님은 아버지를 개인적으로 아는 사람들은 다 안다. 그냥 아버지는 그런 사람일 뿐이다. 교회에서도 아버지의 관심은 잘나가고 유명한 사람들이 아니었다. 경비실에서 일하시는 분들, 청소하시는 분들, 힘든 장애우들을 위해 애쓰는 교사들, 그리고 보이지 않는 곳에서 묵묵히 일하는 직원들…….

아버지가 돌아가신 후 어머니는 사랑의교회 본당에서 예배를 드리지 못한다. 이유는 단 하나다. 아버지가 일주일 내내 어떻게 힘들여 설교를 준비했는지 옆에서 보셨기 때문이다. 때로는 아버지의 생명의 진액이 빠져나가는 것 같이 자신의 전부를 던져 외치던 사랑의교회 본당 강단을 정면에서 볼 수 없어서이다.

얼마 전 어머니는 이런 말씀을 하셨다.

"이상하지? 옛날에 네 아버지가 교회밖에 모르고 가정은 있으나 없으나 신경도 안 쓰고 사역만 해서 너무 미웠는데도, 네 아버지 설교를 들으면 그렇게 은혜가 되었으니 말이야. 미운 남편의 설교가 듣기 좋았으니 참 이상하지?"

이유는 두 가지다.

그만큼 어머니가 아버지를 사랑했기 때문이다. 그리고 아버지의 설교는 자신이 하고 싶은 말을 말씀을 핑계 삼아 하는 설교가 아니라 온전히 성령께 사로잡혀 선포되는 하나님의 말씀이었기 때문이다. 아버지가 설교 전 항상 기도하시던 대로 자신은 그냥 하나님의 말씀을 전하는 '통로'였기 때문이다.

20년 가까이 아버지를 운전으로 섬기며 그분을 가장 가까이에서 지켜봤던 집사님은 이렇게 말하셨다.

"은혜 아빠, 나는 어떻게 보면 참 행운아야. 목사님을 그렇게 가까이에서 보면서도 목사님의 설교가 가장 좋았으니 말이야. 그렇지 않은 기사들 많거든."

아버지는 아내에게도, 자식들에게도 또 곁에서 함께 일하는 사람들에게도 천상 '목사'였다. 그는 그 이상도 그 이하도 아니었다.

　진짜 목사는 늙어도 목사고 젊어도 목사다. 아버지는 늙어가는 것을 고민하지 않으셨어도 됐다. 또한 교회가 늙는 것을 고민하지 않으셨어도 됐다. 진짜 목사가 있는 교회는 세월이 가도 늙지 않기 때문에. 하지만 내가 이렇게 말하는 것도 교회를 향한 아버지의 사랑을 모르기 때문일 것이다.

　아버지는 교회를 사랑하셨다. 그리고 그 사랑을 받은 교회와 사람들은 아버지가 멈춘 그 지점에서 일어서야 할 책임이 있다. 다시 말해 제자훈련의 이름으로 자신의 욕망을 채우려는 교회들이 자기를 부인하고 진정한 제자들을 만들어 파송하는 교회들로 거듭날 수 있도록, 아버지께 사랑의 빚을 진 자들은 일어서야 한다. 우리끼리만 하는 얘기가 아니라 누가 봐도, 그래도 "제자훈련 하는 교회가 이 사회의 희망이다"라는 말이 통하는 세상을 조금씩 더 만들어가야 한다.

　아버지가 살아계셔서 또 건강하셔서 내가 이런 얘기를 글로써 사람들에게 전하는 대신 아버지와 차라도 한잔 하며 우리 두 사람만 알고 있었으면 얼마나 좋을까? 비록 내 앞에서는 "네가 목회를 뭘 알아? 네가 목회를 교회를 몰라서 그런 순진한 소리를 하는 거야"라고 말씀하실 것이다. 하지만 아버지는 항상 철없어 보이는 아들의 말을 혼자 생각하고 또 생각하셨으리라. 그런 아버지가 지금 이 시간 살아계신다면, 분명 지금의 오늘보다는 훨씬 좋았으리라. 지금과 같지는 않았으리라. 그러나 어쩌랴. 그분은 안 계시고 오늘과 내일에 대한 책임은 남아있는 우리 각 사람의 몫인 것을. 나는 아버지의 장례 예배 때 사람들 앞에서 유가족을 대신해 인사했다. 그때의 인사말 중 지금도 두 구절이 기억난다.

"나의 아버지는 아름다운 사람이었다."
"우리 주변에서 앞으로 제 2의 옥한흠이 많이 나왔으면 좋겠다."

우리는 지금 어떻게 보면 옥한흠 목사가 시대의 한계로 인해 멈춰설 수밖에 없었던 바로 그 자리에 서있다. 그러나 바로 이 자리조차도 여전히 옥한흠 목사를 필요로 한다. 더 정확히 말하면 교회를 향한 옥한흠의 심장을 가진 그런 목사를 필요로 한다. 나는 꿈꾼다. 아버지와 동일한 심정으로 교회와 성도를 자신보다, 또는 자신의 가족보다 더 사랑하는 또 다른 옥한흠들을 만나고 싶은 꿈을. 그래서 언젠가는 세상이 교회를 향해 '아름답다'고 말할 수 있는 그런 날을 기다린다.

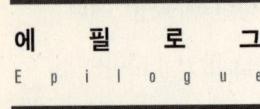

소크라테스는 이렇게 말했다.

"Life unexamined is not worth living."
"자기 성찰이 없는 삶은 살 가치가 없다."

 성찰한다는 것이 무엇일까? 질문한다는 말이다. 질문하려면 일단 멈춰야 한다. 끊임없이 움직이면서 우리는 질문할 수도, 자신을 되돌아볼 수도 없다.
 헬스클럽에서 러닝머신에 올라 땀 흘리며 달리면서도 끊임없이 스마트폰의 메시지를 확인하는 사람들을 보면 나는 괜히

안쓰럽다. 내게 있어 육체가 땀을 흘리는 시간은, 육체뿐 아니라 정신도 세상 모든 잡다한 것들로부터 잠시나마 해방되는 시간이기 때문이다. 인터넷으로부터, 전화로부터, 메시지로부터, 그리고 무엇보다 다른 사람들로부터.

그런데 나 자신에게 질문하기 위해 멈추려면 우선 그럴 용기가 필요하다. 이 세상에서 가장 어려운 일 중 하나가 남에게 나를 여는 것이 아니라, 나에게 나를 정직하게 열어 보이는 일일 게다. 그래서 그 '멈춤'이 두려운 사람은, 자신에게 던지는 질문이 두려운 사람은 더 열심히 움직인다. 더 바쁘고 분주하게 말이다.

소크라테스가 보더라도 '살 가치'가 있는 삶이 되기 위해 우리가 던져야 할 질문은 수없이 많다. 그 많은 질문 중에서 나는 이 책을 통해, 한 글자로 표현될 수 있는 하나의 질문을 던졌다.

"왜?"

우리는 모두 순간순간 수많은 '왜'들을 가지고 산다.
나는 '왜' 살까?
하나님은 '왜' 내 기도에 응답하지 않으실까?
이 세상은 '왜' 이토록 많은 고통으로 차있을까?

저 여자는 '왜' 나를 사랑할까?
나는 '왜' 이 책을 쓰고 있을까?
나는 아까 그 음식이 '왜' 그렇게 맛있었을까? 등등.

비록 독자들의 눈에 '왜' 옥한흠 목사가 오정현 목사를 사랑의교회에 데리고 왔는가에 대해서, 이 책이 그 '왜'의 100퍼센트 대답에 못 미치더라도 너무 실망하지 않았으면 좋겠다.
이 세상은 결코 혼자 살면서 혼자 완성할 수 없다. 내가 가진 '왜'에 대한 대답과 당신이 가진 '왜'에 대한 대답들이 모일 때 우리는 좀 더 정확하고 완성된 답을 만들 수 있기 때문이다.

마지막으로 우리는 삶의 어떤 영역에서도 '왜'라는 질문을 더는 두려워하지 않았으면 좋겠다. 궁극적으로 인간은 언제나 불안한 존재다. 하지만 지금까지 살아온 내 인생을 통해서 볼 때 그 불안을 이겨내는 가장 좋은 길은 우리가 '왜'라는 질문을 두려워하지 않을 뿐 아니라, 비록 그 결과가 원하는 답이 아닐지라도 있는 그대로를 받아들이는 용기를 가지는 것이다. 그럴 때 우리는 비록 여전히 불안하지만 삶에 대해 최소한 좀 더 정직한 인간으로 거듭날 수 있기 때문이다.

부록

"나의 교회론과 제자훈련은 엇박자가 된 것 같다" [34]

어떻게 하면 교인들이 모이고, 교회가 빨리 성장할까를 고민하는 한국 교회 실정에서 교회론에 대한 이야기를 꺼낸다면 무슨 케케묵은 이야기냐고 반문할지 모르겠다. 그러나 한국 교회 목회자 대부분이 다녀갔다는 CAL세미나에서 참석자들이 가장 많이 하는 소감 내용은 "교회론과 목회철학이 이렇게 중요한 줄 이제야 비로소 깨닫게 됐다"는 말이다. 그 동안 어디서도 체계적으로 교회론에

---

34 본 칼럼은 "교회론은 목회자의 생명이다"라는 주제 아래 「디사이플」 2009년 11월호에 실린 기획 칼럼이다. 2009년 10월 9일 국제제자훈련원 원장실에서 옥한흠 목사는 김명호 목사(전 국제제자훈련원 대표) 진행으로 마지막 대담 시간을 가졌다.

대해 배운 적도 없었고, 심각하게 고민한 적도 없다는 얘기다. 건강한 교회론은 건강한 교회로 자라게 하는 데 필수적인 밑그림을 제공한다. 제자훈련의 개척자인 옥한흠 목사에게서 지금 이 시대에 교회론이 왜 중요하며, 지금과 같은 혼돈의 시대에 건강한 교회론을 정립하는 게 왜 시급하게 필요한지 들어보았다.

교회론은 긴 시간 씨름하며 나온 영적 경지다

한국 교회에서 옥한흠 목사님 하면, 제자훈련과 CAL세미나가 하나의 트레이드마크처럼 떠오릅니다. 동시에 CAL세미나에서 '제자도'와 함께 '교회론'은 핵심 강의 주제이기도 합니다. 지난 30년 동안 교회 현장에서 사역하시면서 여러 가지 목회방법에 대해 고민하셨을 텐데, 그 많은 것 중에 왜 하필 교회론이 목사님 사역의 핵심 주제로 떠올랐습니까?

처음에는 교회론에 대한 생각이 없었습니다. 왜냐하면 교회론 자체가 당시 교회 현장에서 사역하는 목회자들에게 고민할 이슈가 아니었고, 이 주제로 고민하는 사람도 없었습니다. 단지 제가 맡았던 대학부를 부흥시켜야 한다는 현실적인 문제와 씨름하다 보니 자연스럽게 제자훈련을 도입하게 됐고, 시간이 흘러 얻게 된 열매가 바로 교회론이었습니다.

처음에는 제자훈련의 신학적인 기초를 가지고 씨름해야 한다는 필요를 전혀 느끼지 않았습니다. 당시 제가 한 제자훈련은 대학생들을 성경공부 시켜 변화되게 하고, 대학부가 부흥되어 열매가 나타나도록 좋은 교재를 선택하고, 소그룹의 테크닉을 익히는 정도에 집중했을 뿐입니다.

그처럼 아무것도 모른 채 제자훈련을 진행해오던 저에게 하나님께서 "목회에 있어서 중요한 부분이 바로 이것이다"라고 눈을 열어주신 보물과 같은 목회의 핵심 내용이 바로 교회론이었습니다.

세계적인 명지휘자인 정명훈 씨가 한 말이 기억납니다. 그는 지휘자로서 테크닉을 배우거나 곡을 어느 정도 습득한다는 것은 참 쉬운 일이지만 어떤 경지를 터득하는 것은 30년이 걸렸다고 고백합니다. 저 역시 비슷한 얘기를 해야 할 것 같습니다. 제자훈련의 테크닉이나 프로그램, 교재를 정리하고 발전시키는 것은 참 쉬운 일입니다. 그러나 제자훈련 속에 숨어있는 신학적인 진리 즉 그것이 교회론인데, 그것을 터득하는 데는 거의 30년 가까이 걸렸습니다.

제 자신이 CAL세미나를 시작할 때 『평신도를 깨운다』라는 책을 쓰면서 교회론을 갖고 나왔지만 그때조차도 그 깊은 경지를 깨닫지 못했습니다. 그러나 그 후 20년 넘게 CAL세미나를 진행하면서 교회론은 제 안에서 많은 발전을 거듭하게 됐습니다. '교회론의 경지가 바로 여기에 있구나'를 확신하는 자리에까지 이르게 됐던 것입니다. 교회론은 긴 시간 동안 목회와 씨름하면서 하나님께서 제 눈을 열어주신 하나의 영적 경지라고 말할 수 있습니다.

CAL세미나 때 교회론을 강의하시면서 "목회자는 날마다 교회

가 무엇인지 물어야 한다"고 하셨는데, 목사님에게 있어서 교회론의 의미는 무엇입니까?

저에게 있어서 교회론은 목회자와 교회가 사는 생명과도 같습니다. 교회론이 왜 생명과 같으냐고 물으면 목회가 살고 죽는 것을 결정하는 중요한 요소이기 때문입니다. 즉, 성도들을 영적으로 죽이느냐 살리느냐를 판가름하게 됩니다. 그래서 교회가 무엇이냐를 놓고 진지하게 고민하지 않는 목회자는 진정한 목회자가 아니라고 생각합니다. 솔로몬 앞에 두 여인이 나와서 아이 한 명을 놓고 서로 자기 아이라고 주장했지만, 진짜 어미는 자신의 욕심을 버리고 자기 아이를 살리려고 했고, 가짜 엄마는 아이를 죽여서라도 자신의 욕심을 채우려 했습니다.

교회론을 가지고 계속 고민하는 목회자는 자기 자신을 죽이는 자입니다. 자신이 희생되어도 양떼는 살려야 한다는 생각을 가진, 성도를 향해 어미의 마음을 가진 자입니다. 그가 바로 진짜 목회자입니다. 교회가 무엇인지 고민하지 않고 교회 사이즈를 가지고 떠벌리며 교회 밖으로 바쁘게 돌아다니는 목회자는 언젠가 자신도 모르게 양떼를 버릴 수 있는 사람이 아닐까 싶습니다. 단정하긴 어렵지만 가짜 목회자가 될 확률이 높다는 말입니다. 목회자는 항상 교회가 무엇인가를 물어야 합니다. 당신이 진짜 목회자가 되고 싶다면 교회가 무엇인가를 놓고 항상 고민해야 할 것입니다. 그것이 영적 어미요, 교회 지도자의 참 모습입니다.

교회론에 부합하지 않은 교회 사이즈

<u>목사님께서 지난 30년 가까이 목회를 해오시면서 붙잡았던 교회론의 핵심은 무엇입니까?</u>

저의 교회론의 핵심은 점진적으로 발전해 왔다고 볼 수 있습니다. 교회론은 범위가 넓습니다. 교회론을 논할 때 무엇이 교회론이냐고 하면 어떤 사람은 성례론이다 하고, 또 어떤 사람은 조직론이나 예배론을 거론합니다. 또 행정체제, 리더십, 영성 등 어느 한 가지를 붙잡고 교회론이라고 말하는데, 여러 가지 분야를 가지고 묶어서 다루려면 교회론의 범위가 넓어지게 됩니다.

제가 관심을 갖는 교회론은 어떤 영역이나 분야가 아니고, 교회의 본질과 연결된 핵심적인 부분입니다. 즉, 교회의 주체가 누구인가 하는 것입니다. 교역자인가 아니면 평신도인가? 저는 교회의 주체가 평신도라고 생각합니다. 그것이 성경적이라고 생각했고, 교회 주체인 평신도를 위해 목회자가 어떤 사역을 우선에 두어야 하는지, 성도들에게 주어진 그 어느 것과도 바꿀 수 없는 영광스러운 신분과 소명이 무엇인지, 그것을 목회자로서 어떻게 극대화시켜줄 수 있는지 등 이런 것을 고민하는 것이 저의 교회론의 중심이 돼 버렸습니다.

이것은 종교 개혁의 중심사상이기도 합니다. 만인 제사장직이 바로 그것인데, 교회 주체가 평신도라는 것을 강조하다 보니 일종의 기독교 민주주의가 나오게 됐습니다. 최근 앨리스터 맥그래스가 쓴 『기독교, 그 위험한 사상의 역사』(도서출판 국제제자훈련원)에서도 지적을 했지만, 누구나 다 성경을 해석할 권리가 있습니다. 이것은 일종의 기독교 민주주의인데, 전통적인 기성세대 지도자들에게는 위협적인 도전이 되기도 합니다.

오늘날도 평신도를 깨운다거나 평신도 한 명 한 명이 그리스도의 제자로서 사도성을 계승해야 한다고 주장하는 것은 전통적인 생각을 가진 목회자들에게는 굉장히 위협적이고 위험한 사상이 될 수 있습니다. 왜냐하면 자신들의 입장에서는 강한 도전을 받기 때문입니다.

그러나 저는 이런 부분을 성경을 통해서 신학적으로 확신했고, 이것을 살려야 한다고 생각했습니다. 평신도를 중심으로 목회를 하다 보니 일반 목회와는 차이가 생겼습니다. 전통 목회는 평신도가 동원(動員)의 대상입니다. 그러나 저는 평신도를 하나님의 손에 쓰임 받는 주체, 동역(同役)의 대상으로 보았습니다. 평신도를 교회의 실력을 대변하는 숫자나 부흥의 도구로 보지 않았습니다. 한 사람도 좋고 열 사람도 좋았습니다. 한 사람이 바로 설 때 이것이 바로 교회라고 생각했습니다.

어떻게 보면 한국 교회로부터 돌팔매질을 받을 수 있는 위험성이 있었는데, 한국 교회가 저의 생각과 사고를 관심 있게 봐주었습니다. 변두리로 돌아다니면서 비판하고 빈정거리는 사람은 있었어도, 다행히 정면에서 신학적 이론으로 공격하거나 목회의 구체적인 내용으로 비판한 사람은 거의 없었습니다.

그런 점에서 하나님께 감사합니다. 그리고 한국 교회에 소망이 있다고 생각하며, 계속해서 제자훈련이 세계 교회로까지 퍼져나갈 수 있었던 풍토가 되지 않았나 생각합니다. 이제 제자훈련은 한국 교회 안팎에서 확고하게 자리를 잡고 어느 정도의 경지에 올라와 있는 실정입니다.

그러나 은퇴 후 저는 제 목회가 자체적으로 자기모순을 갖고 있지 않았나 하는 우려를 합니다. 왜냐하면 교회를 너무 키워버렸다는 생각 때문입니다. 제 교회론에 부합한 교회는 너무 비대해져 버리면 그 정신을 살리기가 굉장히 어렵다는 것은 숨길 수 없는 사실입니다. 이런 의미에서 제 목회가 교회론과 제자훈련이 엇박자를 이룬 것 같습니다. 한 사람을 그리스도의 온전한 제자로 세우는 것은, 양이 많아져 버리면 그것을 성취할 수 있는 확률이 그만큼 떨어져 버리게 됩니다. 제가 은퇴할 때 사랑의교회가 주일 출석 장년 교인수 2만 3천명, 전체 등록 교인수 5만 명, 벌써 너무 커져 버렸습니다.

저의 교회론에 일치하는 목회를 위해서 적정 수준의 교회 사이즈를 유지했으면 싶었습니다. 그런데 왜 그렇게 안했느냐고 묻는다면, 인위적으로 교인수를 유지하고 관리하는 것은 교회의 성격과 맞지 않는다고 봤기 때문입니다. 씨를 뿌려서 최대한의 수확을 거두는 것은 영적 농사인 목회에도 그대로 적용될 수 있다고 봅니다. 그렇기 때문에 인위적으로 교회 사이즈를 획일화해서 성장을 억제하는 것은 성경적이라고 말하기 어렵습니다.

그러나 교인이 2천 명이 넘어가면 제 교회론에 일치하지 않는 목회 즉, 잘못하면 속빈 강정이 될 수 있는 위험성이 있습니다. 그렇다면 어떻게 할 것인가? 좋은 지도자를 세워 독립시켜 사랑의교회와 같은 교회론을 가진 제2, 제3의 사랑의교회를 뿌리내리도록 했으면, 지금과 같이 실패했다는 감정을 갖지 않았을 수도 있었을 것입니다.

지금 사랑의교회는 어찌 보면 상당히 위험한 상황에 놓여 있습니다. 제자훈련의 선두주자로서 교회론으로 볼 때, 그 정신을 잃어버릴 확률이 높아졌습니다. 또 교회론의 본질에서도 위선자적인 입장에 빠질 수 있어 고민이 됩니다. 후임자도 같은 고민을 하고 있을 것입니다. 담임목사 한 사람이 아무리 조직을 튼튼히 해서 자신과 같은 분신 부교역자 수백 명과 함께 사역을 한다고 해도 규모가 너무 비대해 버리면 한계에 직면할 수 있기 때문입니다. 가짜, 쭉정이가 나올 수 있고 본질이 흐려질 가능성이 크다는 말입니다.

이런 의미에서 사랑의교회가 초대형화 되는 것은 바람직하지 않다고 봅니다. 제가 주장했던 것과 실제 현실 목회에는 차이가 있었습니다. 그러나 이런 상황이 되기 위해 일부러 노력한 것은 아니었습니다. 나름대로 최선을 다한다고 했는데, 교회가 저절로 자라 버렸던 것입니다. 그렇다고 교회를 잘 지어서 교인들이 편안했다면 모르겠는데, 사랑의교회처럼 시설이 불편한 교회도 없을 것입니다.

그럼에도 불구하고 교회는 양적으로 너무 비대해져 버렸습니다. 교회론대로 목회했다면 다른 방향으로 나타나지 않았을까 생각합니다. 즉, 사랑의교회라는 개 교회가 성장하는 것이 아니라 하나님의 나라가 성장하도록 좀 더 구체적으로 실천하는 목회를 했어야 했지 않나 생각합니다. 그러나 현실은 그렇지 못한 것 같아 하나님 앞에 죄송스럽습니다.

교회가 커져도 한사람 철학을 놓치지 말라

<u>목사님께서는 어떻게 하면 지상의 교회가 본질적인 교회의 모습으로 더 가까이 다가갈 수 있다고 생각하십니까?</u>

교회가 초대형화 되어도 초창기 사랑의교회에 1, 2천 명 모였을 때처럼 제자훈련을 통해 알찬 제자들이 나온다면 금상첨화일 것입니다. 그런데 그런 은혜와 능력을 계속해서 사랑의교회가 지속할 수 있을지 의문입니다. 아마 방법은 있어도 실현하기가 어려울 것입니다. 그래서 위기의식을 느낍니다.

미국 교회의 경우, 출석인원 2천 명만 넘어도 대형 교회라고 하는데, 이상하게 한국 교회 안에 제자훈련을 잘하는 교회들은 이미 그 수를 넘어 대형화되어 가고 있는 실정입니다. 제자훈련으로 성장한 교회 가운데 등록 교인이 5천 명을 넘어가는 교회들만 따져도 10여 곳이 훨씬 넘는 것 같습니다.

여기서 주목할 만한 점이 있습니다. 즉, 제자훈련을 착실하게 하고 있는 교회 중에는 괄목할 만큼 성장하는 교회들이 많다는 점입니다. 이것은 앞으로 한국 교회를 위해서 의미 있는 연구과제가 될 것이라고 봅니다. 평신도를 그리스도의 몸 된 주체로 잘 세워, 작아 보여도 큰 강국을 이루는 역동적인 제자를 만들면, 적당히 억지로 자라는 것이 아니라 기적적으로 자란다는 점을 주목해야 합니다. 겨자씨가 큰 나무가 되듯이 건전한 목회를 하는 교회가 양적으로 크게 자라는 것을 비판해서는 안된다고 생각합니다.

그렇지만 제자훈련하는 교회가 분수에 지나친 성장의 덫에 걸려서 결과적으로 허약한 교회가 된다는 것은 우리가 고민해야 될 문제라고 생각합니다. 이 고민은 제가 풀지 못하고 있기 때문에 앞으로 후배들이 풀어야 할 문제라고 생각합니다.

목회자는 날마다 죽어야 한다

목사님께서는 지금의 사랑의교회 즉, 초대형 교회가 되었어도 한사람 철학을 놓지 않는 비결과 그 문제를 해결할 대안은 무엇이라고 보십니까?

가장 중요한 대안은 목회자가 날마다 죽는 것입니다. 교회가 커지면 목회자도 사람이니까 잘못되기 쉽습니다. 사람들은 전부 외형을 가지고 평가합니다. 교회가 커지면 목회자가 대단한 인물로 부각되고, 그에게 여러 가지 요구를 하게 됩니다. 사방에서 끌어당깁니다. 적당히 거절하지 못하면 정신없이 자기 과시하는 데 애쓰게 됩니다. 양떼를 돌보고 그리스도의 제자로 세우고 설교준비를 하는 데 집중해야 하는데, 생명을 짜는 설교 준비가 아닌 설교를 위한 설교 준비를 하게 됩니다. 그러면 사람은 없어지고 건물만 남는 교회가 됩니다.

교회가 병들지 않기 위해서는 목회자가 날마다 죽어야 합니다. 설교 준비에 죽어야 하고, 밖으로부터의 유혹, 권력으로부터의 유혹, 인기에의 유혹을 철저히 끊고 자기가 죽을 때, 교인들의 숫자가 많아져도 그것을 커버할 수 있는 만큼의 큰 품이 생기게 됩니다. 그 밑에서 공부하는 부교역자도 다 본받기 때문에 위험성이 크지 않게 됩니다.

초대형 교회 목회자는 그 자리를 순교의 자리로 여겨야 합니다. 그렇지 않고 자기 과시의 자리라고 생각하면 그 교회가 힘을 잃고 죽는 것은 시간문제일 것입니다. 교회가 커질수록 목회자는 긴장해야 합니다. 목회자는 그 문제를 십자가에 못 박고, 극복해야 합니다.

기독교 역사를 보면 청교도들은 청렴결백하고 부지런해서 오늘날 서구 사회 선진국의 경제적 기초를 닦았습니다. 그러나 아이러니컬하게도 선조 때문에 번영을 누리게 된 다음 세대들은 영적으로 심각한 위기에 빠져 오늘날의 박물관 교회를 남기고 말았습니다. 이 사실은 양적 성장으로 만족하는 오늘의 교회들이 깊이 생각해야 될 경고라고 봅니다. 우리 세대는 살고 다음 세대는 죽이는 이런 비극이 재현되지 않도록 제자훈련으로 성공한 교회들이 어떻게 해야 할 것인지 십자가 앞에서 고민해야 할 것입니다.

제자훈련에 성공한 교회를 두고 개교회주의에 빠졌다고 하는

비판을 어떻게 생각합니까?

　제자훈련을 하는 목회자로서 교회론에 충실하게 목회하려고 하면 한 가지 문제점이 있습니다. 그것은 너무 자기 교회 사역에 몰입하게 돼서 다른 교회를 섬길 수가 없게 되는 것입니다. 다시 말하면 한국 교회 전체를 위해서 해야 할 역할을 제대로 못할 수가 있습니다. 제가 그랬습니다. 교회갱신을 위한 목회자협의회와 한국기독교목회자협의회를 세워 뒤에서 한국 교회를 위해 나름대로 최소한의 역할을 감당하려고 노력했습니다.

　그러나 이를 위해 월요일부터 금요일까지 전적으로 뛰지는 못하고 측면 지원만 했을 뿐입니다. 1년에 수백 개 교회에서 부흥집회 요청이 들어왔지만 1년에 서너 개밖에 안 나갔습니다. 그래서 밖에서는 옥한흠 목사가 자기 교회밖에 모른다, 개교회주의자다, 굴만 파는 두더지 목회를 한다는 말을 많이 듣곤 했습니다. 그러나 몸에 병을 얻을 정도로 저 나름대로 최선을 다했다고 생각합니다.

성경에서 말하는 교회의 본질을 추구하려고 할 때, 방해요소가 많이 등장합니다. 의도하지 않는 교회 성장 외에 목회자가 진정한 교회의 모습을 추구하려고 할 때 방해되는 요소로는 무엇이 있습니까?

　방해되는 요소가 많습니다. 그것은 영적 싸움입니다. 첫 번째 방해요소는 목회자가 욕심이 지나쳐서 양떼들의 영적 상태를 제대로 읽지 못할 때 생깁니다. 목회자는 목표가 뚜렷하고 의욕이 있어서 빨리 사람들을 키워 예수의 제자답게 소명자로 키우고 싶은데 양떼들은 따라올 힘이 없습니다. 또 목회자가 지나치게 힘을 쓰다가 스스로 다치는 경우도 잘못된 것입니다. 나중에 잘못되면 양떼들이 내 말을 안 들어서 그렇다는 핑계를 댑니다.

우리는 창세기 33장의 야곱과 에서가 화해한 장면에서 에서가 야곱에게 같이 떠나자고 제안했을 때, "내 양떼가 너무 많고 아직 어려서 양떼들의 걸음대로 천천히 가야 한다"고 말한 야곱의 자세를 배울 필요가 있습니다. 균형 잡힌 제자훈련 목회자의 자세, 이것은 참으로 말하기는 쉽습니다. 그러나 막상 실천하기는 어려운 게 현실입니다. 그래서 실패하는 경우가 많습니다.

두 번째 방해요소는 제자훈련을 잘하려고 하면 쓴 뿌리와 같은 사람이 나온다는 점입니다. 의도하지는 않았지만 자신도 모르게 마귀의 조종을 받아서 방해하는 사람을 어떻게 인내하면서 제자훈련에 몸담을 수 있도록 하느냐는 많은 에너지를 소모하게 합니다. 그래서 목회자에게는 각별한 기도와 인내, 지혜가 필요합니다.

세 번째 방해요소는 제자훈련을 열심히 하는데 교회가 성장하지 않는다는 점입니다. 이것은 교역자들의 피를 말리는 고통이 됩니다. 제자훈련과 관계없는 목회를 하는 교회들은 계속 성장하는데, 한 사람 한 사람을 그리스도의 제자로 세우겠다는 열정으로 희생하는 교회는 성장이 더딥니다. 목회자가 이 위기를 어떻게 극복하느냐는 굉장히 중요한 문제입니다.

실제로 교회 현장에서 전체 성도들과 함께 목사님의 교회론에 대해 어떻게 나누셨는지 궁금합니다.

저는 생각보다 나누지 못한 사람입니다. 설교를 봐도 제자훈련을 가지고 시리즈로 설교했다든지, 자주 제자훈련을 강조했다든지 하는 내용은 제 설교 내용 가운데 거의 없습니다. 제가 선택한 방법은 내가 어떤 목회자냐를 보고 그것이 이미지화될 수 있도록 행동하고 목회하고 보여줬을 뿐입니다. 이것이 더 중요한 일이었습니다. 어떤 사람의 가치관이 자기도 모르게 형성되는 방법은 말도 중요하지만 그를 계속 만나고 보면서 그 사람을 통해서 얼마큼 영향을 받느냐에 따라 좌우됩니다. 제 경우가 바로 이런 경우였지 않나 싶습니다. 제자훈련에 대한 나팔을 많이 불지 않아도 옥한흠 목사 하면 제자훈련이 딱 떠오르고, 예수님의 제자가 되려면 저래야 된다고 마음에 잡히고, 설명하지 않고 말하지 않지만 보고 들은 게 있지 않나 짐작됩니다. 제자훈련 문화의 중심에 목회자가 있으면 특별한 액션이나 구호가 없어도 성도들은 따라오게 되어 있고, 그들의 마음속에 제자훈련에 대한 신념과 확신이 서게 됩니다.

초창기 제 설교를 들으면 제자훈련으로 깨어난 평신도 천 명만 있었으면 좋겠다고 했던 말이 있는데, 그 말은 다른 뜻으로 했던 말이 아닙니다. 같이 뛰는 평신도 지도자들이 그 정도 숫자만 되면 못할 것이 무엇이겠는가, 하나님의 일을 하는 데 있어서 두려울 것이 무엇이겠나 하는 목회비전을 담고 했던 말이지 복선을 깔고 했던 말은 아닙니다.

시대가 변해도 제자 삼는 사역을 계속하라

포스트모던시대에 교회가 계속 새로운 것들을 시도하고, 교회의 모습도 점점 달라지는 것을 볼 수 있습니다. 그러나 아무리 시대가 바뀌어도 변하지 않는, 교회가 붙잡아야 할 기준은 무엇이라고 보십니까?

그것은 예수님의 명령을 따르고, 제자를 만드는 사역을 계속하는 것입니다. 예수님이 원하는 사람은 자기를 닮은 작은 예수입니다. 한국 교회 성도들이 작은 예수로서의 모습만 갖고 있다면 어떤 시대라도 극복할 수 있습니다. 목회가 어렵다고 본질을 잊고 이런 프로그램, 저런 찬양으로 자주 바꾸고 설교까지도 변용시키려 합니다. 물론 시대를 따라서 변화가 필요한 것은 따라가야 합니다. 목회에 가변적인 요소가 있으나 본질은 바뀌지 않습니다.

물론, 목회 안에도 바뀌어야 하는 것이 있습니다. 멜로디를 듣는 청중의 귀가 완전히 달라졌는데, 계속 19세기 찬송가를 고집하는 것이나 중세기 시편 가사가 아니면 절대 찬송가 가사를 쓰지 못하게 한다든지 하는 고지식한 자세는 지양해야 합니다. 100년 전처럼 교회건물 양식이 꼭 종탑 2개를 세워야 한다는 식의 사고를 계속 고집하는 것도 세상 사람들이 교회에 접근하는 데 장애가 됩니다. 악기, 예배순서, 성경공부, 교회 디자인, 주일학교 시스템 등 바꿀 것은 바꿔야 합니다.

그러나 예수님이 원하시는 목회는 예수님의 제자를 만드는 것인데, 이 본질에서 벗어나는 일을 해서는 안 됩니다. 가변적인 것을 너무 지나치게 강조하고, 또 그것을 사람들에게 과시하다 보니 본질을 잃어버리는 실수를 저지르게 됩니다. 그래서 막상 교회 안에 가보면 잔칫상은 요란한데 사람이 없습니다. 저는 제자훈련에 입각한 교회론을 제대로만 회복할 수 있는 목회자만 나온다면 한국 교회가 지금의 위기를 잘 극복할 수 있다고 생각합니다.

성도들을 훈련시킬 때 오랜 시간을 붙잡아놓으면 지쳐서 듣지 않는다며 되도록 쉽게, 성경 말씀보다는 삶을 나누는 부분에 초점을 맞추려는 교회들이 늘고 있습니다. 그러다 보니 너무 피상적으로 성경을 가르치는 현상이 나타납니다. 이런 현상에 대해서는 어떻게 생각하십니까?

그런 훈련이나 프로그램은 얼마 지나지 않아 뻔한 결과로 나타날 것입니다. 그런 목회방법은 임시방편적인 처방에 지나지 않습니다. 그것이 바른 길인지 아닌지 분별하지 못하는 목회자는 한심합니다. 성경에 비추어볼 때, 길게 하든 짧게 하든, 눈물이 있든 없든 말씀을 경시하는 풍조는 처음부터 발을 잘못 디디는 것과 같습니다. 성경과 거리가 먼 이야기입니다. 그것이 잘못되었다는 것을 알면서도 그것을 적용한다는 것은 그 목회자가 한심한 것입니다. 몇 년 지나지 않아서 그 교회가 영적으로 쇠약해진다는 것은 부인할 수 없는 사실입니다.

그렇다고 우리가 하고 있는 제자훈련만이 완벽하다고 주장하는 것은 아닙니다. 우리도 잘못된 것은 수정하고 개선해야 하며, 부족한 부분은 좀 더 연구해야 합니다. 그러나 중심은 바르게 가고 있다고 자부합니다. 왜냐하면 목표가 분명하고, 성경적이기 때문입니다. 그것을 부인하면 성경 전체를 부인하는 것입니다. 그것만 제대로 고수하고 나간다면 당장 열매가 잘 보이지 않더라도 확실한 결과를 기대할 수 있게 됩니다.

마음을 비우고 목회하라

일반적인 목회현장을 보면 경쟁이 치열합니다. 어떻게 하면 교인들의 숫자를 늘리고 살아남을까 신경쓰다 보니, 교회론 자체보다는 교회 부흥 등 부수적인 것에 관심을 쏟는 것이 더 일반적인 현상이 되어 버렸습니다. 교회론을 제대로 정립하지 못하면, 한국 교회에 어떤 폐해가 오게 될지 의견을 듣고 싶습니다.

솔직히 지금 교회론을 가지고 고민하는 목회자가 몇 명이나 될까 의심스럽습니다. 교회론이 관심의 대상이나 될까 의문입니다. 현재 한국 교회는 교회 부흥만이 우상이 되어버렸습니다. 앞으로 영적인 혼란이 일어날 가능성이 참 많다고 생각합니다.

이런 상황에서는 수단 방법 가리지 않고 교회 부흥만 시킨 사람이 승리하지 않을까 우려됩니다. 획일적으로 대답하기는 어렵지만, 진짜 진실한 주의 종들이 하는 사역에는 열매가 없는 경우가 너무 많고, 우리가 보기에 신실하지 못한 사람들이 하는 사역에는 너무 화려한 열매들이 많이 나타납니다. 이게 세상입니다. 그렇기 때문에 뭐라고 단정해서 말할 수는 없습니다.

바라는 것은 할 수 있다면 정직한 성장을 하는 건강한 교회가 많아졌으면 좋겠다는 점입니다. 제자훈련에 최선을 다했지만 성장하지 않았다면 거기에도 하나님의 뜻이 있고 축복이 있다는 점을 믿어야 합니다. 제자훈련만 가지고는 사람을 모을 수가 없습니다. 여러 가지 변수가 작용을 하는데, 아무리 제자훈련을 잘 시켜도 설교가 따라가지 못하면 성장하지 않는 경우를 보게 됩니다.

또 신실하게 목회해도 너무 외진 골목 끝에 있어서 자동차 하나 제대로 지나가지 못하는 악조건에서는 교회가 부흥하기 어렵습니다. 이런 경우들은 어쩔 도리가 없는 것입니다. 좋은 위치에 돈을 투자해서 교회를 짓고, 시설에 투자하면 알곡들도 모이지만 쭉정이들도 모인다는 사실을 명심해야 합니다.

그런 의미에서 교회 성장을 놓고, 목회의 진위를 가리는 것은 위험합니다. 정말 신실하고 하나님이 인정하시는 사역자들은 사람들의 눈에 보이지 않는 곳에서 일하고 있는 특수 목회자나 선교사들입니다. 세상에서 상을 많이 받은 사람은 하늘나라에서 상이 없습니다.

아무리 경쟁이 치열해도 숫자를 가지고 이전투구 하듯 씨름하는 목회는 진정한 목회자의 자세가 아닙니다. 내가 포기하면 내 마음에 평안이 오고, 내가 포기한 만큼 하나님께서 은혜를 주십니다. 인간적인 경쟁심이 싹튼 곳에서는 은혜가 사라집니다. 제자훈련 하는 교회와 목회자가 소리 없이 작은 공동체를 놓고 날마다 죽으며 헌신한다면, 오히려 제자훈련이 큰 힘을 발휘할 수 있다고 생각합니다. 한국 교회가 그렇게 가야 한다고 봅니다.

그런데도 불구하고 한국 교회가 악순환의 역사를 반복하는 것을 보면, 한때 수적으로 부흥한 것이 하나님의 은혜라고 착각하기 때문입니다. 과거 영국의 대형 교회들이 지금은 이슬람 교회에 건물을 팔아넘기고 있습니다. 성경이 말하는 목회철학을 가지고 대처했더라면 그들이 경험한 기회가 호기였을 텐데, 그렇지 못했기 때문에 영국 교회는 위기를 맞았습니다. 하나님이 주신 은혜의 시기가 어떤 면에서는 오히려 다음 세대를 불행하게 만드는 좋지 못한 때가 되어 버린 것입니다. 한국 교회도 그렇게 될 위험성이 많다는 것을 명심해야 합니다.

교회의 진정한 본질을 추구하기 위해 오늘도 고군분투하고 있는 후배 목회자들에게 마음속의 메시지를 전해주셨으면 합니다.

마음을 비우고 목회하라 말하고 싶습니다. 주님께서는 가난한 자에게 천국이 저희 것이라고 말씀하셨는데, 마음을 비우고 목회하면 주님이 주시는 분량대로 최선을 다한 후 만족하고 기뻐할 수 있게 됩니다. 그러면 그 목회는 초라하지 않게 됩니다. 결과적으로 마음을 비우지 못한 목회자는 제자훈련을 길게 하기가 어렵습니다. 날마다 죽는 연습을 하지 않는 목회자는 제자훈련을 하기 어렵습니다. 마음을 비우고 날마다 죽고 최선을 다한 후, 그 결과는 하나님께 맡겨야 합니다.

그 교회를 통해서 다음 세대가 어떤 변화를 맛볼지는 아무도 모르는 일입니다. 달동네 교회라도 큰 인물이 배출되어 다음 세대의 역사를 책임질 수 있습니다. 그러나 대형 교회인데도 불구하고, 다음세대를 책임질 인물이 아무도 나오지 않을 수도 있습니다. 하나님의 역사는 아무도 모릅니다. 그러니 마음을 비우고 최선을 다하십시오. 오직 목회의 결과는 하나님께 달려 있습니다.

한국 교회 미래를 위한 특별 보고서
왜 WHY?

초판 1쇄 인쇄 | 2013년 12월 20일
초판 1쇄 발행 | 2014년 1월 5일

지은이 | 옥성호
펴낸이 | 옥성호
펴낸곳 | 도서출판 은보

등록번호 | 제124-87-43024호(2013년 9월 2일)
주소 | (442-010) 경기도 수원시 팔달구 수원천로 255번길 6, 19호
전화 | (02)3489-4300　**FAX** | (02)3489-4329

Copyright ⓒ 옥성호, 2012, Printed in Korea.
ISBN 979-11-951046-1-1 03230

※가격은 뒤표지에 있습니다. 잘못된 책은 구입하신 곳에서 교환해 드립니다.

도서출판 은보는 고 옥한흠 목사가 지난 40여 년간 한 영혼을 살리는 제자훈련 목회에 매진하며 쌓은 콘텐츠를 기반으로 설립되었습니다. 그가 남긴 방대한 연구성과를 발굴 및 공급함으로 생전 옥한흠 목사가 꿈꾸던 교회가 이 땅에 더 많이 세워지는 데 밑거름이 되는 출판사가 되겠습니다.

※ 은보(恩步)는 "은혜의 발걸음"이라는 의미의 고 옥한흠 목사의 호입니다.